ERA UMA VEZ
DENTRO DE NÓS

Maria Elisa Moreira

ERA UMA VEZ
DENTRO DE NÓS

NA ERA DA INOVAÇÃO
DESPERTE A CRIATIVIDADE
DA SUA EQUIPE

Paulinas

Dados Internacionais de Catalogação na Publicação (CIP)
(Câmara Brasileira do Livro, SP, Brasil)

Moreira, Maria Elisa

Era uma vez dentro de nós : na era da inovação desperte a criatividade da sua equipe / Maria Elisa Moreira. – São Paulo : Paulinas, 2016. – (Coleção Psicologia aplicada)

ISBN 978-85-356-4185-1

1. Administração 2. Comportamento organizacional 3. Criatividade 4. Equipe de trabalho 5. Inovação 6. Treinamento profissional I. Título.

16-04088 CDD-658.407

Índice para catálogo sistemático:
1. Criatividade : Inovação : Equipe de trabalho : Administração `658.407

1ª edição – 2016

Direção-geral: *Bernadete Boff*
Editora responsável: *Andréia Schweitzer*
Preparação de originais: *Márcia Dias*
Copidesque: *Mônica Elaine G. S. da Costa*
Coordenação de revisão: *Marina Mendonça*
Revisão: *Ana Cecilia Mari*
Gerente de produção: *Felício Calegaro Neto*
Projeto gráfico: *Jéssica Diniz Souza*
Ilustrações: *Douglas do Amaral*
Imagens: *Fotolia – © artqu (capa); © samkar (p. 53)*

Nenhuma parte desta obra poderá ser reproduzida ou transmitida por qualquer forma e/ou quaisquer meios (eletrônico ou mecânico, incluindo fotocópia e gravação) ou arquivada em qualquer sistema ou banco de dados sem permissão escrita da Editora. Direitos reservados.

Paulinas
Rua Dona Inácia Uchoa, 62
04110-020 – São Paulo – SP (Brasil)
Tel.: (11) 2125-3500
http://www.paulinas.org.br – editora@paulinas.com.br
Telemarketing e SAC: 0800-7010081
© Pia Sociedade Filhas de São Paulo – São Paulo, 2016

A Maria José, Newton,
João e Bianca.

Para criar é preciso que sejamos capazes de nos sensibilizar. A criatividade é a capacidade de ser sensível a tudo que nos cerca, a escolher em meio às centenas de possibilidades de pensamento, sentimento, ação e reação, e a reunir tudo isso numa mensagem, expressão ou reação inigualável que transmite ímpeto, paixão e determinação (ESTÉS, 1994, p. 395).

SUMÁRIO

Prefácio 11

Vamos começar... 13

PENSAR

Criatividade 21
   Compreendendo a criatividade 21
   Dimensões da criatividade 25

Autoconhecimento 51
   Elementos do processo de autoconhecimento 51
   Autobiografia: expressão do autoconhecimento e da criatividade ..61
   Vida interior e vida criativa 64

Narrativas 69
   Narrativas em geral, as artes e a literatura 69
   Narrativas infantis 74
   A vida criativa de Hans Christian Andersen 82

SENTIR

A escolha das narrativas de Hans Christian Andersen 89
   O Rouxinol (1843) 95
   O Pinheirinho (1844) 105
   O Traje Novo do Imperador (1837) 117
   O Patinho Feio (1843) 123

AGIR

Ativadores criativos 135
   Brainstorm 135
   Jogo linguístico 137

Desmanche de frases..138

Metamorfose total do objeto 139

Analogia inusual 140

Análise recreativa de textos...141

Projeto vital..142

Autobiografia criativa 143

Como conduzir um trabalho em equipe utilizando narrativas...........153

Encontro utilizando o conto "O Rouxinol"................................154

Encontro utilizando o conto "O Pinheirinho".............................156

Encontro utilizando o conto "O Traje Novo do Imperador".......157

Encontro utilizando o conto "O Patinho Feio"...........................159

Até breve! 161

Referências 167

PREFÁCIO

A criatividade pode ser caracterizada como um potencial de sensibilidade, incluindo todas as vivências do sensível, num amplo leque que se abre do sensorial ao intelectual – vivências essas que levam à compreensão de ordenações dinâmicas, explícitas ou implícitas, e às visões de coerência e beleza. É um potencial que aprofunda nosso raciocínio consciente, ligando-o ao intuitivo (ou até mesmo ao inconsciente), e que permite vivenciarmos nosso ser e agirmos criativamente.

Em treinamentos de inovação para adultos, normalmente é necessário realizar algumas dinâmicas e dar um tempo para que haja uma ruptura com o padrão "sou adulto e por conta disso tenho que ser sério", ou ainda "não sou artista, portanto, não sou criativo". Por que isso ocorre? Costumamos ouvir muitos desestímulos ao longo da vida e nos tornamos extremamente críticos em nossas manifestações artísticas. Isto porque, como adultos, somos desencorajados a soltar a imaginação.

Gosto de observar as crianças e suas engenhosidades; elas são curiosas por natureza, investigativas, não têm medo de se aventurar.

As narrativas são mágicas durante a infância e também durante a vida adulta. Escutar alguém contar qualquer história é a própria aventura. Olhares atentos e imaginação solta. Crianças se movimentam, pulam, brincam, criam. Tudo as instiga a pensar em outras cenas. E ficam horas e horas dentro daquele ambiente de sonho e possibilidades, procuram, buscam, questionam, ficam maravilhadas ao passar um dia inteiro brincando, experimentando objetos e os elementos da natureza, como lama, areia, água, plantas. Enfim, tudo pode virar outra coisa na sua imaginação.

Na infância, podíamos ser o que quiséssemos... construtores, médicos, professores, artistas. Uma caixa de lápis de cor era algo de sonhos. Lembro quando conheci um estojo de giz de cera com sessenta e quatro cores. Uma infinidade de cores e possibilidades, antes de os computadores apresentarem as paletas de cores digitalizadas.

Mas o que aconteceu com essa espontaneidade e leveza de ação? Quando adultos, nos tiram a caixa de lápis de cor e nos dão apenas um lápis preto ou uma caneta esferográfica azul. A vida, aos poucos, nos torna monocromáticos. E a nossa criatividade? Fica embotada. Aos poucos desaparece. O dia a dia nos consome na mesma proporção em que aumentam as nossas responsabilidades. Esquecemos que somos criativos e que podemos dar soluções inovadoras para os desafios tanto pessoais quanto corporativos.

Mas, por mais paradoxal que possa ser, a criatividade pode e deve ser estimulada. As pessoas não sabem que podem aprender e desenvolver o seu lado criativo. Em muitos treinamentos voltados para inovação e *design*, quando iniciamos um *workshop*, inicialmente os participantes ficam confusos e com certo receio em soltar a imaginação. Necessitam de técnicas, querem teorias e argumentos, mas, com o desenrolar das dinâmicas, as barreiras vão caindo e pouco a pouco esse lado criativo e imaginativo se manifesta, espontaneamente. A criatividade é resgatada, as cores surgem, peças se encaixam, cola, tesoura, fitas e recortes de revistas dão lugar a protótipos, a maquetes, a soluções para as diferentes áreas da vida humana. O lado sério e sisudo dá lugar à risada, à conversa solta, à curiosidade em abrir caixas com materiais coloridos e diferentes do habitual.

Todo esse processo é o que a querida Maria Elisa apresenta nesta obra denominada: **Era uma vez dentro de nós: na era da inovação desperte a criatividade da sua equipe.** Ela demonstra com sensibilidade e clareza como as narrativas infantis, a criatividade e o autoconhecimento favorecem as atividades profissionais. Que podemos estimular a nossa criatividade por diferentes meios. Para isso, é necessário dar uma parada e fazer algo diferente, é preciso ter consciência para entender que todas as possibilidades continuam dentro de cada pessoa. Basta resgatar algumas técnicas para reavivar essa veia criativa. E inovar. Experimente!

Maria Augusta Orofino

Especialista em inovação em modelo de negócios

VAMOS COMEÇAR...

A literatura e, em especial, os contos de fadas despertam a sensibilidade e a afetividade, capazes de oferecer elementos para que o sujeito possa aprimorar a sua capacidade de reflexão, como também a sua capacidade criativa, através das vivências dos conteúdos subjetivos que formam a tessitura do imaginário.
(PETRAGLIA; VASCONCELOS, 2009, p. 16)

A criatividade e a inovação são as palavras de ordem no mundo de hoje. Por muito tempo, acreditou-se que ser criativo era privilégio de artistas. No entanto, dia após dia, todas as pessoas são convocadas de alguma maneira a inovar, modificar algo, transcender, trazer soluções, seja em seus contextos pessoais, seja nos profissionais.

É crescente a consciência do alcance das dimensões da criatividade. Em muitas circunstâncias, compreender o processo criativo se faz necessário; em outras, o foco no resultado e no produto será cobrado com mais ênfase; e ainda em outras, o contexto em que a criatividade se manifesta será mais interessante de considerar. Mas existe uma dimensão fundamental dentro da criatividade: o ser humano!

Muito anterior à mobilização em torno do assunto criatividade, há um tema que inquieta a humanidade há milênios: o indivíduo em busca de si mesmo. Não por acaso, a dimensão pessoa é mais complexa quando se aborda o postulado da criatividade. É uma busca eterna, semelhante à criatividade, é um caminho multidimensional e plural. Cada pessoa sobre a terra escolhe o seu trajeto, o seu percurso de autoconhecimento e desenvolvimento pessoal. Algumas com mais acesso que outras a ferramentas que auxiliam nesse processo.

Onde encontrar uma conexão significativa entre vida interior saudável e vida criativa útil e valorosa? As narrativas podem ajudar nesta questão. Desde que o ser humano entende-se por gente, ele conta histórias, registra fatos, se expressa por meio da arte, da dança, da música e da literatura. As narrativas são criativas em sua origem e despertam a criatividade, evocando aspectos subjetivos intrínsecos às suas produções.

O mercado de trabalho pede pessoas criativas capazes de lidar com as adversidades e que estejam dispostas a buscar continuamente o autoconhecimento e o desenvolvimento pessoal.

O desejo desta obra é estimular a compreensão de como as pessoas atuam nas organizações, podendo ter a oportunidade de, a partir das narrativas infantis, tomar contato com uma maneira de iniciar o caminho que leva ao autoconhecimento e ao resgate de seu potencial criativo.

Como as narrativas infantis podem ser úteis na ampliação da criatividade e do autoconhecimento em adultos atuantes no mundo organizacional?

Bem, a utilização de narrativas infantis potencializa a criatividade e o autoconhecimento; e o fato de uma pessoa conhecer a si mesma de forma mais aprofundada auxilia na qualidade dos processos criativos em suas atividades pessoais e profissionais.

O objetivo deste livro é trazer alguns aspectos teóricos que sustentam o tema da criatividade, bem como trazer ferramentas práticas que ativem a imaginação. Para isso o livro foi organizado em três partes: o **pensar**, o **sentir** e o **agir**.

A primeira parte, que estamos chamando aqui de **pensar**, aborda os aspectos teóricos, compreendendo inicialmente a acepção da criatividade, passando pelas quatro dimensões: pessoa, ambiente, produto/inovação e processo. Na dimensão ambiente foram acrescentadas reflexões pertinentes à cultura e ao clima organizacional, uma vez que a pesquisa realizada tem um olhar para dentro do ambiente corporativo. Outro destaque encontra-se na dimensão processo, no qual são descritos alguns ativadores criativos.

Um dos capítulos desta parte inicial trata do autoconhecimento e está ligado ao tema criatividade na dimensão pessoa. Abordamos a importância da autobiografia como recurso para o desenvolvimento humano, ressaltando-se, por fim, o significado da vida interior e sua correlação com a vida criativa.

Em outro capítulo são abordadas as narrativas de modo geral, seguindo até as narrativas infantis e suas respectivas conexões tanto com o autoconhecimento quanto com a criatividade. Pelo fato de terem sido utilizados quatro contos de Hans Christian Andersen, há também um espaço dedicado ao autor, ressaltando-se a sua vida criativa.

Na segunda parte do livro, abordaremos o **sentir**, trazendo para este momento a leitura específica de quatro contos – O Rouxinol, O Pinheirinho, O Traje Novo do Imperador e O Patinho Feio –, com as suas respectivas ilustrações.

A terceira parte do livro nos mobiliza para **agir** por meio dos ativadores criativos. Serão exercícios simples e práticos para estimular a sua imaginação e a possibilidade de um olhar criativo em sua vida pessoal e profissional.

Que a leitura deste livro estimule a sua criatividade, gerando muita inovação!

PENSAR

Esta parte traz os recortes teóricos que nos ajudarão a compreender os principais assuntos que tentamos abordar nesta obra. Leia, pense, reflita, pesquise e amplie seus horizontes. Há muita coisa para ser aprendida e apreendida!

Criatividade é sem dúvida uma palavra fascinante,
palavra que nos deixa imaginar sobre sua essência,
assim como as palavras liberdade ou amor,
sem, todavia, chegar a penetrar em suas essências.
Semanticamente ricas de interpretantes e significados, nos fascinam
porque oferecem infinitos pontos de vista através dos quais lê-las
(COLLURA, s.d., p. 3).

CRIATIVIDADE

Definir a palavra criatividade não é uma tarefa das mais simples. A busca por definições para um termo diverso e complexo faz com que se tenha a oportunidade de traçar caminhos pouco convencionais, a fim de encontrar um significado que melhor represente sua amplitude. A criatividade contém em si uma gama imensa de possibilidades explicativas, o que confere coerente polissemia em sua essência. Logo, a definição de criatividade é tão plural quanto a sua própria natureza.

Compreendendo a criatividade

Algumas linhas de reflexão enfatizam a dificuldade de tentar condensar a criatividade em fronteiras léxicas, como Torre (2005, p. 16), ao descrever que "a criatividade é mais que um conceito, é uma forma de viver, de atuar, de relacionar-se e de tomar decisões". Sanmartin (2012, p. 87) reforça que "a criatividade é dispersão, abertura, variação nos modos de pensar e nas inúmeras formas de expressar esse pensamento". Ambos os autores propõem, de forma sintética, uma abertura para os possíveis trajetos em relação à compreensão do que de fato se aborda quando o assunto é criatividade.

Cabe, portanto, ressaltar que a criatividade não é competência exclusiva de pessoas ligadas a algum tipo de expressão artística, seja nos campos das artes visuais, musicais, arquitetônicas seja em tantos outros, cuja manifestação da criação lhes é tão peculiar. Não raramente, considerações relacionadas à criatividade estão associadas à produção artística e até mesmo a descobertas científicas, como é lembrado por Shansis et al (2003), ao mencionar que a criatividade tem um sentido amplo, além das artes e ciências, uma vez que, ao pensar nela, se remete a trabalhos artísticos e pesquisas científicas.

A criatividade está presente desde os afazeres mais simples, rústicos e básicos até soluções com alto nível de complexidade estrutural, tecnológica e cibernética, passando pelos mais diversos campos de atuação.

A criatividade se apresenta no cotidiano de todos aqueles que se dispõem a dar soluções diferentes às situações triviais. Confere-se à criatividade o poder de transformação, ou seja, problemas transmutam-se em oportunidades.

A criatividade é paradoxalmente misteriosa e reveladora, está presente em todas as atividades de forma inconsciente e, ao mesmo tempo, necessita ser compreendida e experimentada de forma consciente. Conforme verificado por Sanmartin (2012), a humanidade sempre esteve em contato com a sua criatividade para dar soluções às mais variadas inquietações; ideia corroborada por Ostrower (2013, p. 9), ao afirmar que "o ato criador abrange a capacidade de compreender e esta, por sua vez, a de relacionar, ordenar, configurar, significar".

Trazer o tema para o contexto atual, dando à criatividade forma e contornos claros, gera uma série de efeitos, principalmente na compreensão global do sentido da criatividade na vida prática das pessoas, como explica Sanmartin (2012, p. 25):

> [...] a criatividade não é um fenômeno novo, pois tem acompanhado o homem em suas perguntas, buscas e realizações desde sempre. No entanto, o interesse por compreendê-la, estimulá-la e aplicá-la na educação, na empresa e na vida cotidiana é recente, e se fez necessário todo um processo de desmistificação, pois durante muito tempo a criatividade esteve vinculada de maneira quase exclusiva à arte, à invenção científica e à genialidade.

Mais do que oferecer uma definição de si mesma, a criatividade provoca um chamamento para construções dinâmicas, garantindo assim que novas formas de pensar possam ser úteis, desde que ancoradas por itinerários e métodos específicos. A criatividade está a serviço da construção de mundos novos, oferecendo um vasto cardápio de soluções possíveis, até mesmo para problemas relativamente comuns.

Possivelmente, o envolvimento atual de muitos pesquisadores com o tema da criatividade origine-se neste aspecto de encantamento, mistério e riqueza, desde a sua própria construção semântica. Para muitos, a busca por uma definição talvez seja apenas um álibi para descobertas cujo espectro seja mais amplo.

Ao se considerar o núcleo da criatividade, há uma probabilidade de que as pessoas apenas enxerguem o lado subjetivo e lúdico por ela manifestado. No entanto, como qualquer outro domínio, a criatividade é dotada de regras e metodologias determinadas. Quando, de fato, se pretende a partir da *práxis* da criatividade chegar à resolução de questões de ordem concreta e soluções de problemas reais, a criatividade utiliza-se da razão e do pragmatismo. Feldman et al. (2008, p. 240) colaboram para a compreensão da direção deste pensamento, quando identificam que:

> A criatividade não é negar o pensamento racional, mas, sim, partir dele para construir novas equações para os problemas e suas soluções. É ela que potencializa a inteligência, inaugurando novas maneiras de pensar o mesmo e às vezes velho problema.

A criatividade estimula a inteligência colocando-a a serviço da materialização de soluções possíveis para questões simples e também complexas da vida, nos mais diversos contextos.

Alencar e Fleith (2003, p. 13), que estudam amplamente o tema, enfatizam a multiplicidade de acepções, correlacionando a criatividade a uma faceta da inteligência:

> Muitas são as definições propostas para o termo criatividade. Analisando-as, pode-se constatar que não há acordo quanto ao significado exato do termo nem consenso acerca da extensão em que essa habilidade se diferencia da inteligência, ou, pelo contrário, constitui uma faceta da inteligência que não tem sido avaliada tradicionalmente pelos testes de inteligência.

A criatividade por si só é provocativa e estimula o encontro de descrições também criativas. No entanto, faz-se necessário dar a ela um corpo, um conjunto de unidades gramaticais que lhe confira um mínimo de encadeamento coerente, que possa designar o seu real significado:

Metaforicamente, Wujec (1995), em uma de suas obras, se apropria de analogias ligadas ao mundo gastronômico e transforma os significantes da criatividade em "ingredientes" relevantes no processo de construção de uma plausível definição, como mostra o Quadro 1, no qual é exposta uma tríade que representa os tais elementos básicos da criatividade:

QUADRO 1 – INGREDIENTES DA CRIATIVIDADE

Novidade	A ação criativa envolve sempre algo novo. A capacidade de conceber e produzir novas ideias.
Valor	Faz com que as pessoas percebam o trabalho criativo e, para isso, é preciso conhecer os fundamentos da área em que se está trabalhando.
Paixão	A paixão, ou motivação interna, nada mais é do que o desejo de fazer alguma coisa pelo puro prazer de fazer.

Fonte: Wujec (1995, p. 15-16).

Para Wujec (1995), as relações entre os aspectos da novidade e a possibilidade de agregar valor são fundamentais na composição da criatividade, sendo que ambos terão sustentação a partir da motivação intrínseca que leva as pessoas de fato a canalizarem suas energias e foco para a realização de algo relevante para si e para a sociedade.

Assim sendo, mesmo sem delimitar especificamente a palavra criatividade, é possível visualizar os elementos que lhe conferem a estrutura necessária para a compreensão de sua essência conceitual.

Etimologicamente, segundo Sanmartin (2012, p. 46), a palavra criatividade "deriva do latim *creare,* que significa fazer, engendrar, produzir, inventariar, gerar, imaginar; e do grego *krainein,* que significar preencher".

Reis e Ribeiro (2010, p. 31-33) reiteram o sentido etimológico da palavra criatividade, reforçando sua derivação dos verbos criar, gerar e formar; explicam que a criatividade visa dar significado e existência às coisas a partir de relações até então inexistentes, e reafirmam que "este conceito generalizado se mostra mais útil do que a busca por uma simples definição, sendo que ela alimenta a noção de complexidade da criatividade".

Outro aspecto que pode ser de grande valia para a compreensão da extensão de significados da criatividade é justamente a variedade de postulados sistemáticos acerca do tema. Cada pessoa encontra modelos e estilos para apreender as intersecções que se fazem necessárias em sua realidade, sejam elas de ordem prática ou teórica. Esta constatação sobre as referências que fundamentam a criatividade é destacada por Reis e Ribeiro (2010, p. 31): "Seu conceito assume diferentes significações conforme a orientação teórica daquele que o opera. Encontrar uma definição objetiva e aceita por todos é tarefa quase impossível, pois as concepções existentes passam por princípios e critérios distintos".

A agilidade contida na criatividade é mobilizadora e provoca alterações sutis ou explícitas ao seu redor. Prado (apud COSTA, 2002, p. 3) discorre de forma enfática, provocando um chamado para a melhor utilização do conhecimento especulativo:

> A criatividade representa uma revolução mental, uma nova forma de conhecer e pensar que põe a ênfase, não na reprodução do sabido, mas na construção de novos conhecimentos e na dimensão inventiva e fantástica da mente humana que é aproveitada de uma forma limitada. A criatividade não se ensina nem se aprende nos livros, mas na prática diária e reflexiva de todas as formas de expressão, unidas a uma imaginação transformadora e transgressora que converte o ser humano num crítico e num transformador do seu contexto.

A criatividade invita a uma liberdade tanto no que se refere à sua compreensão e assimilação quanto à sua manifestação e expressão. A reflexão sobre aspectos conceituais referentes a ela extrapola qualquer tipo de enquadramento cartesiano, mesmo contando com dimensões capazes de aperfeiçoar a compreensão geral de sua abrangência e relevância.

Dimensões da criatividade

Uma maneira de assimilar a amplitude da criatividade é compreender as suas próprias dimensões. Para Isaksen e Lauer (2000), existe uma intrínseca conexão entre quatro elementos: pessoa, processo, produto e ambiente.

Na Figura 1, é possível visualizar a abordagem já trazida nos anos 1980 por um dos autores citados anteriormente. Isaksen (in KAUFMANN; GROUNHAUG, 1998), em um de seus primeiros estudos, ilustrou a intersecção entre as dimensões pessoa, processo e produto, como uma fórmula matemática, trazendo como resultado a própria criatividade. Existe ainda um quarto elemento, no qual as três dimensões anteriores estão submersas, e essa quarta dimensão é o clima, o ambiente.

FIGURA 1 – DIMENSÕES DA CRIATIVIDADE

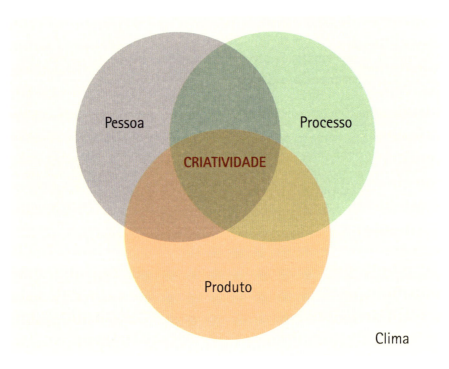

Fonte: Isaksen (in KAUFMANN; GROUNHAUG, 1998).

Essas quatro dimensões integradas conferem à criatividade a sustentação conceitual necessária para a sua devida utilidade, pois envolvem elementos já conhecidos que, dispostos desta maneira, corroboram para que, ao entender as dimensões, toda e qualquer pessoa possa escolher utilizá-las concomitantemente ou dando ênfase a alguma das dimensões, de acordo com seu propósito pessoal ou relevância social. Kneller (1973, p. 15), remotamente, já trazia essa proposição:

> As definições corretas de criatividade pertencem a quatro categorias, ao que parece. Ela pode ser considerada do ponto de vista da pessoa que cria, isto é, em termos de fisiologia e temperamento, inclusive atitudes pessoais, hábitos e valores. Pode também ser explanada por meio dos processos mentais – motivação, percepção, aprendizado, pensamento e comunicação – que o ato de criar mobiliza. Uma terceira definição focaliza influências ambientais e culturais. Finalmente, a criatividade pode ser entendida em função de seus produtos, como teorias, invenções, pinturas, esculturas e poemas.

Torre (2005), Reis e Ribeiro (2010) reforçam o princípio das quatro dimensões ao dizerem que a criatividade aglomera em si valores e comportamentos que colocam em ação a capacidade e o talento das pessoas, que, assim, se sentem autoestimuladas e estimulam o meio. Esse colocar em ação dá significado à criatividade.

Ou seja, a criatividade só pode ser de fato considerada criatividade se gerar algo concreto, que possa ser útil de alguma maneira. As quatro dimensões servem, portanto, para sistematizar projetos e ações, dando--lhes a unicidade necessária e a devida estrutura. Neste sentido, Ostrower (2013, p. 9) reforça:

> Criar é, basicamente, formar. É poder dar uma forma de algo novo. Em qualquer que seja o campo de atividade, trata-se, nesse "novo", de novas coerências que se estabelecem para a mente humana, fenômenos relacionados de modo novo e compreendidos em termos novos.

Na Figura 2 é possível notar uma maior clareza da interação das quatro dimensões citadas. Uma leitura desse esquema aborda a dimensão pessoa, dada a sua importância, como ápice da comunicação entre variáveis, ressaltando-se aqui a dimensão meio e as condições como base para realizações de ações criativas.

FIGURA 2 – CONCEITO INTERATIVO E PSICOSSOCIAL DA CRIATIVIDADE

Fonte: Torre (2005, p. 88).

O efeito das análises combinatórias entre as quatro variáveis das dimensões, representado gráfica e especificamente pela espiral da Figura 2, amplifica a complexidade qualitativa da criatividade, ao mesmo tempo que eleva os níveis das múltiplas interações.

A compreensão das dimensões gera o entendimento de suas correlações num sentido amplo, dando assim a sustentação necessária para o melhor aproveitamento de todas as dimensões distintamente.

1. Dimensão pessoa

Esta é uma dimensão fundamental para o processo criativo, como já visto na Figura 2, uma vez que se trata do próprio ser humano com todas as suas potencialidades e, por que não afirmar, com todas as suas ambiguidades. Daí a importância da dimensão pessoa no contexto deste livro.

Em linha com Csikszentmihalyi (2004), pessoas felizes são aquelas que dão asas aos seus desejos e ganham as alturas. Este é um processo que gera motivação contínua para dar e fazer o seu melhor.

Quando se observa a dimensão pessoa com mais proximidade, percebe-se que neste item cabe um mundo de possibilidades correlacionadas, principalmente, aos aspectos emocionais e afetivos inerentes à condição humana, bem como características e habilidades que lhes são peculiares.

Num estudo sobre criatividade, Predebon (2006) sintetiza características predominantes em personalidades criativas. No Quadro 2 é possível conhecê-las.

QUADRO 2 – COMPONENTES DA PERSONALIDADE CRIATIVA

Independência	Quase sempre produto da autoconfiança, ousadia e iniciativa, e conjugada a um espírito aventureiro.
Curiosidade	Característica inata, frequentemente castrada na educação e quase sempre conjugada ao espírito questionador e especulativo.
Flexibilidade	Caracteriza-se pela disposição de rever valores.
Sensibilidade	Muitas vezes conjugada à emoção mais liberada.
Leveza	Relacionada ao bom humor, ligada também ao otimismo e fator positivo.
Interesse variado	Uma derivação da curiosidade, com empenho e disponibilidade para ação em campos diversos.
Estética diferenciada	No gosto pessoal, uma tendência a valorizar a ruptura, nunca o tradicional.
Percepção Valorização do intuitivo	Ótica menos lógica e maior obediência aos impulsos, do que a média.

Fonte: Predebon (2006, p. 119-120).

Apenas algumas características não representam todas as inúmeras outras que possam ser elencadas para compreender os comportamentos das pessoas criativas, até mesmo tornar-se referência para a busca pessoal do estímulo necessário para desenvolver tais habilidades. No entanto, a consciência de algumas características, como as citadas, pode ser norteadora e auxiliar o caminho de reconhecimento dessas mesmas habilidades e suas idiossincrasias em pessoas que desejam resgatar a sua própria criatividade.

O potencial criativo é inerente a todas as pessoas, flui à medida que cada qual toma a decisão de colocá-lo em prática, decide ouvir essa necessidade interior e a externa, fazendo-a acontecer para si e para a sociedade. Estas afirmativas aclaram as características de uma pessoa criativa.

No Quadro 3, Conde (1995) aborda essa questão e avança no sentido de dar mais elementos referentes às pessoas criativas:

QUADRO 3 – CARACTERÍSTICAS DA PESSOA CRIATIVA

1. Alta motivação intrínseca, encontrando metas pessoais e atribuindo significados.

2. Acredita no subjetivo e intuitivo.

3. Permite-se imaginar, sonhar.

4. Conhece-se e aceita a si própria. Desta forma, cria sinergia interna ao aceitar sua diversidade interna.

5. Tem autonomia intelectual para pensar e ser diferente.

6. É capaz de quebrar esquemas, porque se abre a novas experiências e assume os riscos da aventura.

7. Respeita a autonomia do objeto e aprende com ele.

8. É sensível aos problemas e curiosa.

9. É tolerante com a ambiguidade, sendo capaz de jogar com elementos; usa sua espontaneidade e faz do estranho, conhecido.

10. Tem preferência pelo complexo.

11. Compreende e administra a diversidade no processo, exercendo liderança da equipe.

Fonte: Conde (1995, p. 44-52).

Dando um destaque inicial à quarta linha do Quadro 3, que aborda a questão do autoconhecimento e da aceitação, é possível buscar em Feldman et al. (2008) um argumento demonstrativo de que o criativo sabe aonde quer chegar, associa conceitos independentes e encontra novas maneiras de pensar e caminhos que o levarão ao encontro daquilo que buscou. Assim sendo, a pessoa criativa é sabedora de suas próprias habilidades e do quanto estas podem ser colocadas a serviço da produção criativa para oferecer soluções às questões do seu contexto.

O ser humano está em constante movimento e evolução, modificando a si mesmo e seu espaço. Predebon (2003) e Torre (2005) apontam a criatividade como uma qualidade humana que se apoia no autoconhecimento e na autoestima para que se promovam mudanças significativas e seguras, seja no âmbito individual, sejo no social.

Esta disponibilidade interior para a mudança e a busca por melhorias em seu contexto podem muito bem representar as características motivacionais que são componentes relevantes da criatividade, observados nos aspectos psicológicos da produção criativa (ALENCAR; FLEITH, 2003). A inquietação é fruto da reflexão sobre o viver e o fazer; e quando uma pessoa criativa reflete e sente-se motivada a transformar algo, de certo modo, ela aciona uma série de recursos internos que a levam para um estado de ação criadora. Torre (2005) e Sanmartin (2012) reforçam que o objeto de transformação é a reflexão; sobretudo, que cada pessoa tem seu potencial criativo e sua forma de externá-lo.

> A criatividade se manifesta de forma diferente em cada indivíduo e depende da combinação de habilidade e atitudes. A criatividade emana do centro do que somos e, com o aprofundar das experiências, leva ao engrandecimento interno de cada um (SANMARTIN, 2012, p. 13).

Esta constatação é validada por Torre (2005, p. 105), que complementa afirmando que "as pessoas mais criativas combinam imaginação e fantasia de um lado e um arraigado sentido da realidade de outro", asserção que aponta para o cerne deste livro, no momento em que aborda o motivo da escolha das narrativas infantis como ferramentas para estimulação da criatividade. A homeostase entre emoção e razão promove os contornos necessários para que a criatividade se manifeste em forma de algo concreto.

A pessoa criativa torna-se de fato pessoa criadora, capaz de utilizar a sua flexibilidade em prol da solução de questões que merecem determinado foco. Torre (2005) reitera que o criativo é flexível em sua busca; esta é uma capacidade essencial para ajustar-se ao previsto e ao imprevisto, ampliando suas opções para realizar projetos e garantir um bom resultado.

Quando descontinuamos padrões de pensamentos, conseguimos ampliar nossa visão a respeito das mais variadas questões do dia a dia.

Feldman et al. (2008, p. 240) sintetizam que "o mais interessante é que a criatividade dá permissão às pessoas para que se percebam criativas".

Deste modo, enfatiza-se a necessária conexão entre aspectos imagéticos e exequíveis, como afirma Osborn (1972, p. 94): "A forma mais elevada da imaginação é a expectativa criadora". Ou seja, tudo o que idealizamos temos a capacidade de concretizar.

O outro destaque que se faz necessário para ampliar a reflexão sobre a dimensão pessoa, ainda dentro do Quadro 3, é justamente para a primeira linha, na qual Conde (1995, p. 44-52) aborda que a pessoa criativa possui "alta motivação intrínseca, encontrando metas pessoais e atribuindo significados". A pessoa criativa é capaz de planejar, agir, expandir e criar a partir da percepção que tem de si e do mundo à sua volta de forma autônoma, aspecto este ressaltado por Pink (2010, p. 79), que lembra que "o sentimento de autonomia exerce um efeito poderoso sobre o desempenho e a atitude individuais".

Pink (2010) aborda em sua obra a motivação sob três perspectivas: propósito, excelência e autonomia, ou seja, três palavras que sintetizam a complexidade da motivação, como aprofundado por Amabile e Kramer (2013, p. 42):

> Motivação é a compreensão de alguém sobre o que precisa ser feito e sua disposição em fazê-lo em qualquer dado momento. Mais precisamente, motivação é uma combinação da escolha de alguém em executar uma tarefa, seu desejo de dedicar esforço em executá-la e a determinação de persistir com este esforço.

A pessoa criativa traz em si uma forte disposição interna para a realização. Ela se inspira no ambiente externo e busca dentro de si a força realizadora necessária para concluir projetos criativos.

A criatividade depende de características motivacionais para fluir em função de análises das dimensões psicológicas da produção criativa.

Consolidando as abordagens anteriores, no Quadro 4 encontram-se alguns atributos organizados que podem ter utilidade prática, principalmente no ambiente organizacional.

As letras da palavra "chaves" formam um acróstico com conceitos que correlacionados promovem uma associação mnemônica significativa, norteando o papel na pessoa, principalmente no espaço corporativo:

QUADRO 4 – AS CHAVES DAS PESSOAS CRIATIVAS

Conhecimento	Trata-se do saber, do domínio de campo, do repertório adquirido ao longo da vida. Todo conhecimento é fruto de dedicação e busca pessoal.
Habilidades	É a destreza assimilada com treino, dedicação e perseverança. Uma pessoa criativa compreende que quanto mais dominar processos criativos, maior será o seu estímulo.
Atitudes	Envolve a relação com as outras pessoas, propriamente dita. O nível de energia vital e também de motivação intrínseca está presente neste aspecto.
Visão	É a capacidade que a pessoa adquire de planejar para posteriormente executar. A visão de curto, médio e longo prazo faz com que a pessoa estruture seus projetos de forma consistente.
Ética	É o catalisador dos valores. A pessoa criativa e saudável socialmente interage de forma adequada com o ambiente sociocultural.
Superação	A ação criadora manifestada em forma de superação de desafios e de excelência na inovação. Está fortemente relacionada à realização e materialização de metas e sonhos.

Fonte: Elaborado pela autora.

À medida que caminhamos pela vida, nos apropriamos de novos conhecimentos, assimilamos novas habilidades, aprimoramos atitudes e aprendemos a planejar e a organizar nossos projetos; observamos seu contexto no intuito de compreendê-lo melhor, sendo que o ponto máximo desse processo é a criatividade transformada em superação e inovação, em sonho realizado, colocado a serviço de si mesmo e compartilhado com a sociedade.

A dimensão pessoa está em constante transformação. A pessoa criativa modifica a si mesma e também o ambiente em que está inserida.

2. Dimensão ambiente

A segunda dimensão a ser abordada é o ambiente, que também pode ser nomeado como contexto e meio. A dimensão pessoa é influenciada pela dimensão ambiente e, numa relação dialética, a dimensão ambiente pode ser influenciada pelos indivíduos. Com base em Amabile e Kramer (2013), uma vez inserido em determinado contexto, entre outros o ambiente de trabalho, o ser humano recebe dele influências, assim como o seu jeito de ser e agir pode afetar o mesmo espaço; é uma via de mão dupla.

Csikszentmihalyi (2004, p. 41) enfatiza que "[...] entre todos os talentos humanos, um dos mais valiosos é justamente essa capacidade de discernir oportunidades no ambiente que nos cerca, e que outros não conseguem observar".

Para Isaksen e Lauer (2000), existem três grandes eixos de compreensão da dimensão ambiente, representados pelas condições sociais, as percepções individuais em relação ao seu contexto e também as reações em relação a determinados acontecimentos. De modo geral, eles organizam este raciocínio referindo clima criativo ao ambiente e às pessoas nele inseridas. Para os autores, a dimensão criatividade abarca o estudo e a análise de estímulos positivos e negativos à criatividade, bem como as variantes sensórias dos indivíduos em relação aos ambientes e às respectivas respostas às situações que os envolvem.

Outra maneira de compreender a dimensão ambiente pode ser observada no Quadro 5, que expõe os meios condicionantes para a prática da criatividade de forma abrangente. Tais condicionantes são permeadas por ligações que lhes conferem um caráter de unicidade e ampliam o entendimento da importância desse âmbito para a criatividade.

QUADRO 5 – CONDICIONANTES PRÉVIAS E CONCOMITANTES PARA A ATIVIDADE CRIATIVA

Meio biológico	Predisposição genética	Funções cerebrais	Funções de maturidade	Funções psicomotoras
Meio psicológico	Sensorial	Tensional	Emocional Vivencial	Mental e de experiência
Meio sociocultural	Familiar	Escolar	Grupal	Socioambiental
Meio transformado	Figurativo	Simbólico	Semântico	Sinestésico

Fonte: Torre (2005, p. 85).

Tanto o meio biológico quanto os meios psicológico, sociocultural e transformado estão intimamente ligados, endossando assim a ampla forma de compreensão dessa dimensão.

Cada ser humano é diferente do outro, tanto biológica quanto psicologicamente. No entanto, Torre (2005) identifica que o meio sociocultural, representado aqui pelas relações familiares, escolares, profissionais e intergrupais de modo geral, interfere sobremaneira nas experiências vividas pelas pessoas, construindo a forma com que cada uma irá gerar transformações criativas, oferecendo contribuições de ordem figurativa, simbólica, semântica ou sinestésica para si mesma e para a sociedade.

Neste sentido, corroborando Torre (2005), podemos dizer que o ato criativo carrega em si sensíveis preâmbulos perceptivos, cujo desenvolvimento é condicionante para que se tenha uma perspectiva pessoal expressiva e criativa.

Para Churba (1995), a criatividade se faz presente nos ambientes psicológico e sociocultural, tal como enfatiza Torre (2005, p. 85) em relação às trajetórias e histórias pessoais, impactando a dimensão ambiente:

> Outros tipos de elementos diferenciadores procedem do meio psicológico, tais como as variáveis biográficas do indivíduo, experiências prematuras, necessidades e expectativas e mais particularmente o estímulo e conseguinte maturação

sensorial. A história de cada indivíduo com todo o seu passado, carregado de vivências intransferíveis, condiciona algumas das atuações posteriores.

Onde quer que o ser humano esteja, ele cumpre os dois papéis: recebe influência do lugar que ocupa e pode atuar como agente de transformação desse mesmo local.

Levando em consideração que o objetivo deste livro é promover a compreensão da dimensão pessoa do ponto de vista dos indivíduos adultos em contexto de trabalho, é relevante trazer informações pertinentes ao tema da cultura e clima organizacional de forma objetiva, ressaltando-se a dimensão ambiente no espaço laboral.

2.1 Cultura e clima organizacional

A criatividade só pode aflorar em lugares onde exista de fato uma cultura organizacional estimuladora, bem como o clima adequado para sua manifestação.

Sabe-se que ambientes saudáveis, agradáveis e abertos estimulam mais a criatividade do que espaços hostis, agressivos e opressores. Isto posto, tanto líderes quanto membros das equipes das organizações, de modo geral, são convidados a um olhar para a conquista de ambientes adequados, seja para a estimulação da criatividade, seja para a motivação intrínseca e extrínseca das equipes, passando pela compreensão do que de fato estimula as pessoas no ambiente de trabalho, como validado a seguir:

> O mais importante para a criação de um ambiente capaz de atrair e manter trabalhadores motivados e empreendedores criativos é entender, em primeiro lugar, o motivo que leva as pessoas a desejarem trabalhar. Esse é um fator de especial importância nesta época de rápidas transformações, em que os trabalhadores do conhecimento procuram empregos que lhes proporcionem condições de expandir ao máximo suas potencialidades. O gestor que conseguir proporcionar um ambiente que estimule o desenvolvimento certamente terá acesso a esse indispensável capital humano (CSIKSZENTMIHALYI, 2004, p. 70).

O ambiente organizacional diz respeito a um conjunto de variáveis que compõem o espaço de trabalho onde as pessoas atuam, destacando-se aqui a cultura e o clima organizacional. Estas duas variáveis referem-se ao espaço físico propriamente dito, à estrutura arquitetônica e ergonômica, expressa na qualidade dos móveis e ferramentas técnicas para execução das atividades, como também constituem o grupo de pessoas, ressaltando-se aqui o nível de interação e comunicação entre elas:

> O clima e cultura representam uma "assinatura" para as pessoas dentro e fora da empresa. É criado principalmente pelas palavras e ações dos líderes. Este clima gera os eventos específicos que se desdobram no seio da organização; com o passar do tempo, eventos específicos similares reforçam o clima (AMABILE; KRAMER, 2013, p. 114).

Schein (2001, p. 45) define a cultura organizacional como sendo a "soma de todas as certezas compartilhadas e tidas como corretas que um grupo aprendeu ao longo de sua história". Esta constatação está diretamente ligada à dimensão pessoa, uma vez que a cultura organizacional e o ambiente de trabalho são frutos das relações existentes entre seus membros e os símbolos compartilhados.

> A cultura organizacional é tida como um conjunto de mecanismos que incluem: controles, planos, procedimentos, regras e instruções que governam as ações, e não somente como uma interligação de comportamentos concretos e complexos dentro das organizações. Deste modo, apreender a cultura é estudar um código de símbolos partilhados pelas pessoas que fazem esta cultura acontecer e que são também valorizadas pela organização. A cultura organizacional se apresenta diariamente nas organizações, por meio da trama de significados formada pelos próprios participantes. Os entendimentos compartilhados fazem parte da história da organização e são gerados, gradativamente, por intermédio das relações estabelecidas entre as pessoas que atuam em coletividade (MOREIRA, 2010b, p. 37).

A questão da cultura e do clima organizacional está diretamente ligada às dimensões pessoa e ambiente, uma vez que ambos são frutos das relações existentes entre membros no espaço de trabalho.

Para Sanmartin (2012, p. 21), o ápice da ação criadora e da inovação ocorre quando são dadas oportunidades aos profissionais para participarem como "autores de suas ideias e seus projetos", garantindo a sustentabilidade da organização. Uma cultura voltada para a inovação gera um ambiente de trabalho mais humanizado, e os profissionais ficam mais felizes. A sensação do bem-estar subjetivo impacta na produção e na permanência das pessoas na equipe, conforme pode ser aferido na sequência:

> A conexão entre felicidade e negócios é que ninguém tem condições de se envolver em produção e distribuição de maneira isolada. Há sempre um grupo de pessoas envolvidas, trate-se de uma pequena mercearia, loja de artesanato ou de um imenso conglomerado empregando dezenas de milhares de pessoas. Uma organização de negócios cujos empregados estiverem contentes será sempre mais produtiva, com o moral mais elevado e baixo índice de rotatividade (CSIKSZENTMIHALYI, 2004, p. 26).

Segundo argumentação de Luz (2003, p. 141), "gerenciar o clima organizacional é uma ação estratégica, uma vez que a motivação dos trabalhadores representa um imperativo para o sucesso dos negócios". E a relação dialética entre o clima no ambiente de trabalho e o comportamento individual é trazida por Puente-Palácios (1995), que afirma que o clima organizacional influencia o modo de agir das pessoas, assim como esse mesmo comportamento pode interferir no ambiente de trabalho.

O clima organizacional é definido por Laros e Puente-Palácios (2004) como um evento de interesse científico vinculado à experiência sensorial imediata e duradoura, sustentada pela vivência das pessoas, enriquecida pelas dimensões da organização e compartilhada pelos membros entre si. Ou seja, não se sentir parte de algo interfere na sensação de conforto numa relação pessoa e ambiente organizacional, ou seja, afeta o fator crítico de sucesso na dimensão ambiente.

Em se tratando da dimensão ambiente, traduzindo o sentido geral de interferência da pessoa no âmbito em que ela atua, pode-se dizer que o criativo é protagonista das transformações no ambiente, orientado pela sua percepção do todo, emoção e envolvimento, onde deixa sua chancela; daí a autenticidade da criatividade.

Apreciador das metáforas, Torre (2005, p. 15) formula que a "criatividade é como um raio laser que penetra no mais profundo da pessoa, projeta sua luz sobre as instituições nas quais atua e termina por transformar a sociedade".

Em linha com Feldman et al (2008), pode-se dizer que a relação do indivíduo com o ambiente deve favorecer a criatividade, de modo que corresponda aos anseios pessoais e organizacionais.

Alguns autores concordam que a criatividade e a inovação trazem novos ares ao dia a dia dos seres humanos, revigorando hábitos saudáveis não somente para o ambiente organizacional, mas também que esses hábitos vão sendo gradativamente transferidos para outros ambientes e outros espaços sociais.

3. Dimensão produto/inovação

> Há um reconhecimento crescente de que a criatividade é um fator-chave para a inovação e o sucesso em longo prazo das organizações. Devido à globalização, competição no ambiente de negócios e ritmo acelerado da mudança, as organizações têm sido pressionadas a fazer um melhor uso de seus recursos disponíveis, e aqui inclui a criatividade dos recursos humanos (ALENCAR, 1998, p. 18).

Esta dimensão é a da materialização da criatividade. O produto ou inovação é a existência de algo concreto que possa ser considerado útil dentro de determinado contexto.

Para Torre (2005, p. 38), "a inovação é a manifestação colaborativa de uma ideia" e, para Ostrower (2013, p. 9), "o ato criador abrange a capacidade de compreender; e esta, por sua vez, a de relacionar, ordenar, configurar, significar". Costa (2002, p. 10) amplifica a reflexão ao afirmar que os produtos criativos resultam do trabalho de uma pessoa ou um grupo, independentemente de lugar físico e situação.

Reis e Ribeiro (2010) apontam que produtos criativos não são representados apenas por criações materiais. Eles exemplificam que uma questão elaborada de modo interessante pode estimular novas perspectivas em relação a um problema. Para um produto ser considerado criativo não é preciso ser algo absolutamente original, mas algo que foi identificado como único para aquele momento, havendo assim a relação entre o indivíduo e o meio. Entre a ação de criar e o produto criativo como resultado, Torre (2005) e Robbins (1995) destacam que, no processo criativo, o criar é o nascimento da ideia e o produto criativo é a sua maior expressão, o fazer existir a ideia.

A correlação entre as quatro dimensões é muito próxima, haja vista que o produto criativo nasce da interação entre a dimensão pessoa com a dimensão processo, inseridas num ambiente propício para acolher a ideia ou o produto inovador. As instituições que conseguem compreender e assimilar essa informação, transformando-a em aprendizado, utilizam melhor todos os seus recursos, fortalecendo-se como organizações que aprendem continuamente.

O cultivo da criatividade em termos institucionais é iminente. A criatividade deve abarcar não somente a autorrealização dos indivíduos, mas, sobretudo, o desenvolvimento social (TORRE, 2005). A inovação depende da criatividade das pessoas e seus respectivos produtos, contanto que o processo de gestão do conhecimento e de mudanças específicas chegue a se consolidar. A criatividade nasce da relação sociocultural e será consolidada de forma íntegra a partir do momento em que, de fato, o seu processo gerar melhorias visíveis no que diz respeito aos aspectos sociais e culturais.

4. Dimensão processo

> O caminho não se compõe de pensamentos, conceitos, teorias, nem de emoções – embora resultado de tudo isso. Engloba, antes, uma série de experimentações e de vivências onde tudo se mistura e se integra e onde a cada decisão e a cada passo, a cada configuração que se delineia na mente ou no fazer, o indivíduo, ao questionar-se, afirma-se e se recolhe novamente das profundezas de seu ser (OSTROWER, 2013, p. 74-75).

A dimensão processo abrange os caminhos para que a criatividade possa se manifestar. O processo é o encadeamento dos passos criativos, suas fases e operações para concretizar uma ideia; e esse processo não acontece no vácuo, ele surge a partir de uma inquietação pessoal ou grupal para a resolução de determinada questão.

No Quadro 6 é possível identificar um modelo proposto por Churba (1995), constituído de sete etapas complementares e não necessariamente sequenciais, uma vez que envolve tanto estratégias convergentes como divergentes.

QUADRO 6 – PROCESSO CRIATIVO

Incógnita para resolver	Não sendo um problema fechado, há diversas respostas possíveis. Uma incógnita é um problema, um desafio, e importa formulá-lo da forma mais clara possível para que a tarefa seja bem orientada.
Informação	Porque o problema é aberto, também a busca de informação tem de ser aberta, multidirecional, significativa. Nunca se sabe que informação ou estímulo podem provocar o surgimento de uma resposta adequada.
Incubação	Todo o material recolhido vai ser submetido a um processo inconsciente de trabalho. Nesse período de produção de ideias, há necessidade de dar tempo suficiente para que o problema seja trabalhado.
Iluminação	É o momento privilegiado em que uma ideia ou imagem emerge do inconsciente e traz uma resposta possível ao problema.
Avaliação	Analisar a ideia e confrontá-la com critérios previamente definidos que delimitam e especificam as condições a cumprir.
Elaboração	Plasmar a solução possível com o máximo de detalhes. Devem ser utilizados os conhecimentos e as técnicas de cada área temática.
Realização e verificação	Fazer uma planificação adequada que garanta a realização da ideia (procura de aliados para aprovação da ideia, forma de apresentação, momento e lugar oportunos, previsão de críticas, estudos de formas possíveis de melhoria da realização da ideia). Encontrar formas e ter informação sobre o que foi feito, comparar com os objetivos iniciais, para depois dar início a um novo ciclo do processo criador.

Fonte: Churba (1995).

O processo criativo é vivo e intenso. Nasce da intimidade do indivíduo ou grupo com determinada questão a ser resolvida. E vários aspectos estão interligados; olhar para o processo criativo é como olhar dentro de uma pedra preciosa e, "quando fixamos os olhos numa face, vemos todas as outras refletidas" (NACHMANOVITCH, 1993, p. 23).

Passos, fases, etapas. Diversos são os sinônimos para a palavra processo, todos eles representando o sentido de núcleos de realização interdependentes e ao mesmo tempo paralelos. Cada momento do processo de criação pressupõe um nível de consciência de sua existência. Em muitas ocasiões, as etapas ou fases estão sobrepostas de forma dinâmica, e somente a percepção da pessoa envolvida no processo fará com que a fase tenha significado para si, ocasionando, por exemplo, momentos de quietude até que a ideia original tome forma e corpo.

Uma ideia quando nasce é frágil e necessita de proteção e cuidados.

Sendo o assunto criatividade, por que não elaborar explicações sobre o próprio processo criativo de modo também criativo? Para tal, foram selecionadas três formas metafóricas de apresentar a estrutura processual.

No Quadro 7, a analogia com o pomar está presente, enfatizando quanto o processo criativo necessita de cuidado. Tendo sua referência em elementos como terra, organismos nutritivos, clima, dentre outros, Torre (2005) leva o leitor a visualizar de forma ampla as possibilidades do processo criativo.

Para Wujec (1995), a metáfora é outra em relação ao processo criativo. Conforme mostra o Quadro 8, ele alimenta a imaginação do leitor de forma literal, apropriando-se de terminologias peculiares ao mundo gastronômico, conduzindo a pessoa interessada em compreender o processo criativo como a uma degustação de cada etapa, de cada momento.

QUADRO 7 – METÁFORA DO PROCESSO CRIATIVO EM SATURNINO DE LA TORRE

POMAR	
Terra rica	A abundância de estímulos está se mostrando eficaz não somente no estímulo precoce, mas também no desenvolvimento de habilidades cognitivas e, consequentemente, da criatividade. O estímulo é a substância nutritiva da mente humana e da pessoa. Alimentamo-nos de estímulos que, graças à consciência, transformamos em significações próprias, da mesma forma que a planta realiza a transformação e absorção das substâncias que lhe servem de alimento. Uma terra rica em substâncias orgânicas e minerais é a melhor garantia de desenvolvimento, quando a qualidade da semente é boa.
Fotossíntese	Interação e transformação são os termos que melhor descrevem a "fotossíntese" da criatividade, se me permitem a utilização desta nova metáfora. Levando em conta as distâncias entre o crescimento das plantas e o processo criativo, o mais certo é que no processo ocorra uma série de interações entre os recursos do indivíduo, o que se pede dele e a precisão do meio. Transforma a informação disponível em informação pertinente para resolver um problema ou dar resposta a uma demanda.
Polinização	Aqui está a dimensão social da criatividade. A flor não polinizada raramente chega a dar fruto. Para isso, precisa de agentes externos que tornem possível a fecundação. O indivíduo chega a ser pessoa por causa do seu contato com a cultura humana. A contribuição primeiro e o intercâmbio depois, de significados, ideias, crenças e valores entre as pessoas constituem a melhor alimentação para desenvolver o potencial humano em todas as suas facetas.
Cultivo	Todo ser orgânico (planta, animal ou pessoa) tende a se desenvolver de forma natural, a crescer e atualizar suas próprias potencialidades. Entretanto, isso não se realiza com plenitude sem a intervenção e cuidados convenientes. Quanto maior a indeterminação, maior é a necessidade de intervir para obter melhorias.
Fatores climáticos	Um dos principais problemas do agricultor é a dificuldade de controlar os fatores climáticos. Eles podem botar a perder todo o esforço realizado e ter conhecimento deles antecipadamente pode evitar males. Também no desenvolvimento da criatividade existem bloqueios e fatores restritivos, assim como grande variedade de situações imprevistas pode contrariar ou beneficiar a atividade criativa.

Fonte: Torre (2005, p. 41-44).

QUADRO 8 – METÁFORA DO PROCESSO CRIATIVO EM TOM WUJEC

COZINHA	
Cultive o apetite	Adote uma posição mental de exploração e de descoberta. Fique aberto a novas possibilidades: seja curioso, brinque, concentre-se no que não sabe, faça perguntas e, acima de tudo, dê a si mesmo permissão para ser criativo.
Junte os ingredientes	Reúna fatos, dados, sentimentos que se relacionam ao seu projeto. Junte ingredientes de muitas fontes – locais e estrangeiras, exóticas e comuns. Quando parar no supermercado de ideias, lembre-se de verificar a validade.
Corte	Analise ideias, dividindo-as em partes menores. Determine a essência dos problemas ou projetos. Descubra qualidades e quantidades. Divida as ideias em categorias novas. Pique em pedaços para compreender tudo de nova forma.
Misture	Junte, relacione, acople ideias. Procure conexões, faça comparações, relacione suas ideias a outras, invente metáforas, descubra analogias. Confie em sua inspiração, criando em sua mente as condições para que novas conexões ocorram.
Cozinhe	Deixe as ideias aquecerem e cozinharem. As portas das experiências criativas mais profundas são a persistência, o trabalho duro e a motivação. Focalize sua concentração desenvolvendo um ritmo interior de expressão e reflexão e tentando atingir o estado psicológico de "fluxo". Saiba quando aquecer e quando esfriar as coisas, deixando-as para marinar em seus próprios sucos.
Tempere	Adicione sabor e talento às suas ideias. Divirta-se fazendo perguntas do tipo "e se...". Mude contextos. Expresse sua ideia numa linguagem mental diferente. Conte uma história, desenhe uma figura, construa um modelo, formule uma equação, desenhe um mapa. Desafie suas presunções, quebre os limites, encoraje o eterno amigo da criatividade: a sorte.
Prove	Avalie sua criação. Determine quão efetivas são as suas ideias. Reconheça as forças e as fraquezas. Saiba que as ideias devem agradar a vista, assim como o paladar. Quando as coisas não dão certo, como algumas vezes acontece, descubra o que pode aprender com a experiência.
Assimile	Dê a si mesmo tempo para assimilar as ideias. Elas estão produzindo uma dieta mental equilibrada, ou você está consumindo muitos doces mentais? Lembre-se sempre de que um intelecto bem nutrido requer alimentos de todos os tipos.

Fonte: Wujec (1995, p. 18-19).

No Quadro 9, munida de delicadeza e sensibilidade, Sanmartin (2012) provoca a imaginação correlacionando o processo criativo à metamorfose da borboleta, dando vida às palavras que de fato remetem à intensidade de cada fase do processo criativo.

QUADRO 9 – METÁFORA DO PROCESSO CRIATIVO EM STELA MARIS SANMARTIN

METAMORFOSE DA BORBOLETA

Metamorfose da Borboleta: Ovo.
Processo Criativo: Tensão psíquica.
Dá início ao processo, possibilidade de chegar ao resultado criativo: inovação ou criação.

Metamorfose da Borboleta: Lagarta.
Processo Criativo: Preparação ou coleta de dados.
O criativo busca conhecimento, aproxima tudo o que de certa forma diz respeito ao assunto: momento de pesquisa.

Metamorfose da Borboleta: Casulo
Processo Criativo: Incubação/Dormência.
Momento de transformação interna, trabalho inconsciente.

Metamorfose da Borboleta: Ruptura do Casulo.
Processo Criativo: Insight ou iluminação.
Há o aparecimento da ideia ou boa ideia.

Metamorfose da Borboleta: A Borboleta seca e se fortalece.
Processo Criativo: Elaboração da ideia.
Trabalho que se realiza sobre a ideia, pois, como ela geralmente nasce de uma intuição, não se sabe muito bem "de onde veio", nem como defendê-la muito bem.

Metamorfose da Borboleta: Voo, realização, ação, movimenta-se, desloca-se.
Processo Criativo: Ação/realização.
Momento de colocar em prática, realizar a ideia em forma.

Metamorfose da Borboleta: Interação com a natureza; cumpre seu plano de vida: poliniza e se reproduz.
Processo Criativo: Comunicação e verificação do resultado.
Realiza o sujeito criador, da mesma forma que deve atender à necessidade que lhe fez surgir com novidade e valor social.

Fonte: Sanmartin (2012, p. 68-70).

Três caminhos, três metáforas, três possibilidades, todos contribuindo para melhor compreensão e assimilação do que de fato entende-se por processo criativo. No entanto, o processo criativo não é necessariamente linear, pois a intuição pode estar presente, contribuindo para soluções de questões que pela via convencional demorariam mais tempo para acontecer.

Os aspectos inconscientes para soluções têm grande importância, pois podem aparentar etapas suprimidas durante o processo criativo.

Ostrower (2013, p. 74) reforça a importância da intuição no processo, ao afirmar que "a capacidade de intuir espontaneamente e ao mesmo tempo sustentar a tensão psíquica em níveis mais profundos será determinante para a criação".

Entende-se, portanto, que a intuição também pode ser um caminho seguro dentro do processo criativo, uma vez que sua gênese encontra-se nas camadas mais profundas do inconsciente, consequentemente, de difícil explicação; todavia, material substancialmente rico e original.

Nachmanovitch (1993) compara o processo criativo a um processo espiritual, como uma ligação divina, original, que se constitui da essência, da natureza de algo, faz parte de algo maior.

A dimensão pessoa está o tempo todo no movimento interno, na busca por novas soluções, também por meio do pensamento criativo. Contudo, é sabido que, assim como qualquer outra função, o pensamento necessita de estímulos para se desenvolver e, deste modo, tornar-se mais apto a oferecer soluções cada vez mais inovadoras, transitando por aspectos convergentes e divergentes nesse processo.

Sanmartin (2012, p. 87) sintetiza essa reflexão, fazendo menção ao equilíbrio que se deve ter nessas duas esferas:

> Para desenvolver o pensamento criativo, primeiro é preciso aprender a desaprender, ou seja, liberar-se de antigos hábitos para poder rever, questionar e descobrir novos valores e novos paradigmas. Em seguida, utilizar integralmente o potencial que sabemos ter, a liberdade criadora. Ou seja, saber divergir e convergir, balancear esses dois tipos de pensamento na busca de novas ideias, abrir espaço para a intuição e para processos inconscientes, responsáveis por muitas das soluções originais.

Para acionar tanto os recursos conscientes quanto os inconscientes, existem metodologias e técnicas que podem levar um indivíduo a estabelecer novos caminhos neurais para as diversas soluções em seu dia a dia. Aqui, estas técnicas serão chamadas de ativadores criativos.

Sabe-se que o interesse da psicologia pela investigação do pensamento criador e do processo criativo é relativamente recente. Durante toda a primeira metade do século XX, o conceito de inteligência dominou a mente dos psicólogos interessados nos processos de pensamento. Eles pressupunham que a criatividade não apresentava nenhum problema especial, uma vez que o conceito de inteligência era tido como suficiente para explicar todos os aspectos do funcionamento mental. Foi somente a partir da década de 1950 que um interesse maior por criatividade se fez sentir, fruto da ascensão do movimento humanístico em psicologia e de outros, como o movimento da potencialidade humana, que chamou a atenção para o imenso potencial criador do ser humano (ALENCAR; FLEITH, 2003, p. 8).

Os ativadores criativos se constituem basicamente de ferramentas relevantes para o pensamento divergente, inovador, original (PRADO, 1996). Os ativadores estimulam novas perspectivas, novos olhares para as mais diversas situações, garantindo assim tanto o pensamento divergente, capaz de ampliar os horizontes e gerar incontáveis possibilidades de solução, quanto o pensamento convergente, que opta, escolhe e decide as melhores soluções e as coloca em prática. Por conseguinte, nada melhor do que estimular os dois hemisférios cerebrais ao longo dos processos criativos.

Muitos são os ativadores criativos disponíveis na literatura. Optou-se neste livro por uma única fonte – Prado (1987), em sua obra *Manual de Activación Creativa* –, na qual estão disponíveis cerca de dezoito ativadores diferentes. No Quadro 10, é possível localizar sete deles, que foram escolhidos para compor esta obra. Tais técnicas auxiliam na estimulação tanto do pensamento divergente quanto do pensamento convergente.

Os ativadores criativos são recursos e técnicas que podem ser utilizados para acionar a imaginação criadora, estimulando os dois hemisférios: o esquerdo – mais racional, convergente, matemático; e o direito – intuitivo, sensível, divergente, fazendo com que ambos colaborem para a solução criativa de questões que possam ser apresentadas.

QUADRO 10 – ATIVADORES CRIATIVOS

ATIVADOR	SIGLA	SÍNTESE
a) Tempestade de ideias	T.I.	**Amplia** a questão da fluência e flexibilidade de pensamento por meio da livre expressão do pensamento. Fomenta a liberdade de expressão, desinibição grupal, libera o subconsciente, explora livremente um tema de modo a obter todas as ideias de indivíduo ou grupo.
b) Jogo linguístico	J.L.	**Rompe** o sentido único da palavra, fazendo-a nova, reinventando-a, amplificando seu significado. O jogo de linguagem projeta-se para que se alcance flexibilidade semântica do pensamento em busca dos possíveis significados para uma palavra, seja ela conhecida ou desconhecida, apoiando-se numa ampla impressão geral, na sua raiz, sonorização etc. Acumula em torno de um vocábulo uma família de palavras relacionadas ou opostas por suas características formais ou semânticas, e até mesmo para criar outras, trocando alguns dos seus elementos.
c) Desmanche de frases	D.F.	**Reestrutura** a combinação de frases, encontrando sentidos opostos, distintos e variados. A frase, como unidade significativa máxima, é um ótimo elemento para compor ou decompor, arbitrária ou logicamente, e captar os valores, significados, novas estruturas que fomentem a flexibilidade linguística e semântica.
d) Metamorfose total do objeto	Me. T.O.	**Transforma** totalmente um objeto em todos os seus elementos materiais, formais, funcionais e relacionais. Por meio deste ativador, metamorfoseia-se qualquer objeto de modo a mudar a dinâmica, o funcionamento, a usabilidade, bem como o tamanho, a cor, a forma, dando flexibilidade à imaginação.
e) Analogia inusual	A.I.	**Compara** o incomparável, levando em conta que analogia é uma relação de semelhança entre duas ou mais entidades. A analogia inusual busca estabelecer uma associação lógica de fenômenos díspares, o que acentua e revitaliza a autopercepção.

f) Análise recriadora de textos	A.R.T	**Recria** os títulos, compondo outros, os mais originais possíveis; o lúdico está presente de forma intensa. Mecanismo elementar de criação, não se limita a modelos, aproveitando as estruturas sintática e semântica do texto original e dos próprios recursos linguísticos – palavras, metáforas etc. –, recriados, servindo-se dos ativadores criativos do jogo linguístico e da desconstrução frasal.
g) Projeto vital	P.V.	**Planeja** de modo realista projetos de ação vital, de invenção de recursos ou trabalhos originais. Neste caso, pretende-se familiarizar o sujeito com a prática sistemática que integre o sonhar, planejar e executar pequenos, porém ambiciosos, planos de vida pessoal e profissional, apoiando-se no poder da imaginação na tríplice tarefa.

Fonte: Elaborado pela autora com base em Prado (1987).

Os ativadores criativos podem ser utilizados tanto em separado quanto combinados entre si. Utilizar ativadores criativos faz parte da dimensão processo. O aprendizado de novas técnicas e a prática sistemática dos ativadores já conhecidos potencializam a quantidade e a qualidade de soluções criativas, tanto do ponto de vista individual quanto grupal.

Os ativadores criativos estimulam o uso de símbolos, signos, narrativas, metáforas. Sanmartin (2012, p. 63), de forma bastante objetiva, sintetiza que "analogia é uma das técnicas mais poderosas para desenvolver a criatividade", e todos os ativadores, em maior ou menor grau, utilizam-se das analogias, que são a representação de conteúdos subjetivos e internos de cada ser humano.

AUTOCONHECIMENTO

> Entre os mais antigos conselhos na história da nossa cultura, figura, sem dúvida, aquele entalhado acima da entrada do oráculo de Delphos: "Conhece-te a ti mesmo". Os filósofos vêm desde então enfatizando essas palavras como um pré-requisito para uma vida feliz, o que é igualmente repetido por líderes visionários no mundo dos negócios (CSIKSZENTMIHALYI, 2004, p. 127).

Conhecer a si mesmo é umas das grandes inquietações das pessoas saudáveis. Buscar elementos internos que auxiliem na compreensão de toda grandeza do ser humano, verificando suas limitações e aperfeiçoando suas potencialidades, vem sendo objeto de estudo das mais diversas ciências. Inúmeras ferramentas estão sendo aperfeiçoadas no intuito de incrementar e facilitar o processo de autodescoberta.

Elementos do processo de autoconhecimento

> Embora o consciente tente estabelecer o controle no mundo das coisas, através do pensamento racional e da repressão das emoções, é o inconsciente que dá recursos para a mente consciente. As imagens que surgem no consciente possibilitam o desenvolvimento de qualidades emocionais e de imaginação que formam uma conexão com o mundo da vivência, cindido pelo processo de abstração (PETRAGLIA; VASCONCELOS, 2009, p. 7).

A busca pelo autoconhecimento é um processo cujo início depende única e exclusivamente do indivíduo, e, filosoficamente falando, esta é uma das questões mais inquietantes do ser humano sobre a face da terra.

Esse processo não é imposto a ninguém, mas é possível suscitar curiosidade, estimulando a pessoa para que ela inicie a sua própria trajetória, uma vez que, mesmo com todas as dores intrínsecas a ele, segundo Petraglia e Vasconcelos (2009, p. 2), "o ser humano parece ter necessidade de se conhecer, admirar e questionar a própria existência". Essa necessidade tem uma relação direta com a convivência das pessoas em sociedade, conforme enfatizam Souza e Abreu-Rodrigues (2007, p. 142):

> A relevância aplicada desse tema é inestimável. Nas diversas relações sociais (familiares, profissionais, educacionais) é frequente o indivíduo ser solicitado a relatar o seu próprio comportamento ou as contingências a que foi exposto, uma vez que os autorrelatos permitem que a comunidade entre em contato com os eventos aos quais apenas o indivíduo tem acesso (sentimentos, desejos, pensamentos, ideias).

Para chegar ao nível mais profundo de autoconhecimento, é preciso avaliar as experiências pessoais e tudo o que é vivido ao longo de uma jornada individual. O processo de autoconhecimento pode passar tanto pelo aspecto físico quanto intelectual e psicológico, e são várias as suas dimensões.

Esta obra oferece dois enfoques psicológicos baseados nas teorias clássicas freudiana e junguiana. Como ponto de partida, o primeiro enfoque é o olhar psicanalítico, cujo representante é Sigmund Freud. Em se tratando do âmbito psicológico, para o qual aqui se dá maior ênfase, existem aspectos visíveis e invisíveis.

Na Figura 3 é possível identificar, de forma metafórica, a imagem do *iceberg* como uma possível representação dos níveis de consciência do ser humano, mapeados inicialmente por Freud (1923/1925).

A parte externa e visível do *iceberg* representa o nível consciente da personalidade. Nesse nível estão o raciocínio, os pensamentos, a percepção do mundo e as escolhas dos comportamentos que são feitas de forma voluntária, para que ocorra a convivência no ambiente.

Nessa mesma representação simbólica, existe uma região flutuante no *iceberg*, entre a parte visível e a parte oculta, que é denominada de pré-consciente. Esse segundo nível da consciência abarca questões ligadas à memória e aos conhecimentos armazenados. Posto que esse nível pré-consciente é intermediário, manifesta-se um conflito instaurado de forma permanente – ora existe facilidade de ser acessado pelo nível consciente, ora aspectos inconscientes podem bloquear a sua exposição.

FIGURA 3 – NÍVEIS DE CONSCIÊNCIA DA PERSONALIDADE HUMANA

Fonte: Elaborado pela autora.

A camada mais submersa é o nível inconsciente. Esse é um nível mais profundo da personalidade humana, segundo a teoria psicanalítica. Nele estão contidos instintos, impulsos, desejos e pulsões.

Os níveis de consciência da personalidade – consciente, pré-consciente e inconsciente – foram identificados por Freud e chamados de primeira tópica. "A divisão do psíquico em o que é consciente e o que é inconsciente constitui a premissa fundamental da psicanálise" (FREUD, 1923/1925, p. 27).

Avançando suas próprias pesquisas, Freud instaura a compreensão mais global em relação à dinâmica e à estrutura da personalidade. Esta etapa da teoria freudiana é conhecida como segunda tópica e designa lugares psíquicos em três instâncias: id, ego e superego.

> O ego representa o que pode ser chamado de razão e senso comum, em contraste com o id, que contém as paixões, [...] o superego, contudo, não é simplesmente um resíduo das primitivas escolhas objetais do id; ele também representa uma formação reativa enérgica contra essas escolhas (FREUD, 1923/1925, p. 39/47).

O ego é uma instância psíquica que funciona nos seres humanos como mediador entre os instintos básicos e as exigências pessoais. Sua natureza é basicamente psicológica; atua como representante dos interesses da totalidade da pessoa e é investido de lógica e realidade. O superego faz o trabalho de julgamento e crítica; sua natureza é social. Esta instância é permeada por códigos de ética e valores. O resultado de sua atuação manifesta-se basicamente de duas formas: faz oposição aos impulsos do id e pressiona o ego para a retidão moral. O id é um polo de pulsão da personalidade; sua natureza é biológica, pois está relacionado a tudo o que diz respeito às questões de sobrevivência, e neste caso se incluem fome e sexo, por exemplo (FREUD, 1923/1925).

Na segunda tópica, o inconsciente torna-se o espaço atribuído às instâncias psíquicas, de modo que o id é totalmente inconsciente e o ego e superego possuem partes conscientes e inconscientes.

Na Figura 4, verificam-se as conexões entre a primeira e a segunda tópica.

FIGURA 4 – ESTRUTURA DA PERSONALIDADE
E DINÂMICA DE NÍVEIS DE CONSCIÊNCIA

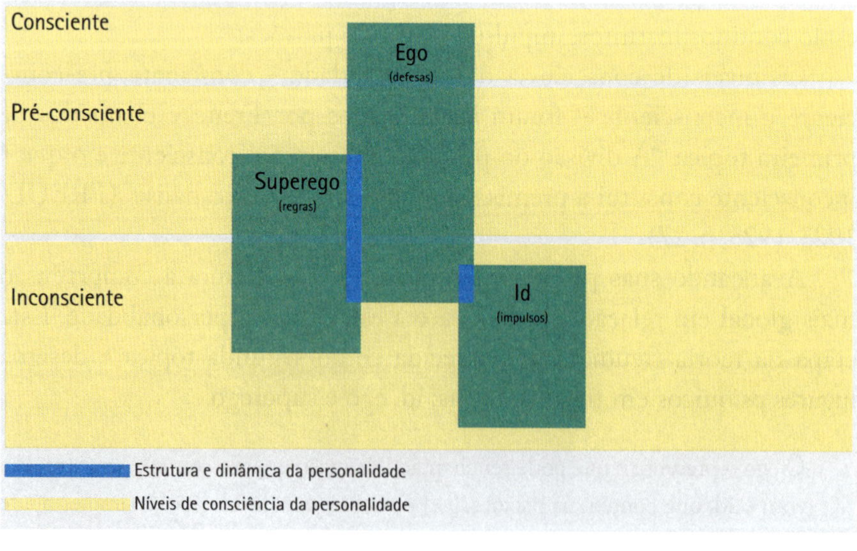

Fonte: Elaborado pela autora.

Esta forma de compreensão da dinâmica psicológica do ser humano é a base de sustentação para muitos dos estudos que se seguiram ao longo dos anos e perduram até hoje. Ressalta-se que estas primeiras descobertas freudianas deram margem para novas buscas que se intensificaram, no sentido de descobrir quais elementos seriam capazes de fazer a conexão entre os níveis.

O segundo enfoque aqui apresentado é o olhar da psicologia analítica, cuja referência é Carl Gustav Jung. Também conhecida como psicologia junguiana ou psicologia complexa, a psicologia analítica é um ramo de conhecimento e prática, o qual se distingue da teoria psicanalítica iniciada por Sigmund Freud por uma noção mais ampla da libido e pela introdução do conceito de inconsciente coletivo. Foi desenvolvida com base na experiência psiquiátrica de Jung, nos estudos de Freud e no amplo conhecimento que Jung tinha de mitologia e do estudo comparado da história das religiões e da simbologia (SILVEIRA, 1981).

Para Jung (1997), o desenvolvimento humano ocorre por meio do conhecimento de si mesmo, de sua *persona* e sua sombra, buscando o processo de individuação e a expressão de sua totalidade.

Silveira (1981, p. 88) sintetiza o que vem a ser individuação na perspectiva junguiana:

> O conceito junguiano de individuação é claro e simples na sua essência: tendência instintiva a realizar plenamente potencialidades inatas. Mas, de fato, a psique humana é tão complexa, são de tal modo intrincados os componentes em jogo, tão variáveis as intervenções do ego consciente, tantas as vicissitudes que podem ocorrer, que o processo de totalização da personalidade não poderia jamais ser um caminho reto e curto de chão batido. Ao contrário, será um percurso longo e difícil.

Para melhor compreensão dos conceitos junguianos que colaboram para que o processo de individuação ocorra, foram organizados e sintetizados no Quadro 11 os principais conceitos de sua obra:

QUADRO 11 – PRINCIPAIS CONCEITOS JUNGUIANOS

Inconsciente		Refere-se às camadas mais superficiais do inconsciente, cujas fronteiras com o consciente são bastante imprecisas. Aí estão incluídas as percepções e impressões subliminares dotadas de carga energética insuficiente para atingir o consciente.
	Inconsciente pessoal (sombra)	A sombra inclui aquelas tendências, desejos, memórias e experiências que são rejeitados pelo indivíduo como incompatíveis com a *persona* e contrários aos padrões e ideais sociais. Em sonhos se manifesta e é a fonte principal da imaginação. A sombra é uma espessa massa de diversos componentes, desde pequenas fraquezas, aspectos imaturos e complexos reprimidos. Na sombra poderão ser discernidos traços positivos e qualidades valiosas.
	Inconsciente coletivo	Corresponde às camadas mais profundas do inconsciente e aos fundamentos estruturais da psique comuns a todas as pessoas. O inconsciente coletivo é a expressão psíquica da identidade da estrutura cerebral independente de todas as diferenças raciais. Os conteúdos do inconsciente coletivo não se encontram sujeitos a nenhuma intenção arbitrária, nem são manejáveis pela vontade. O inconsciente coletivo é uma espécie de herança psicológica. Seus conteúdos ancestrais denominados de arquétipos são condições ou modelos prévios da formação psíquica em geral.
	Self	O *self* (si mesmo) é o arquétipo central. O arquétipo da ordem e totalidade da personalidade. Consciente e inconsciente não estão necessariamente em oposição um ao outro, mas completam-se mutuamente para formar uma totalidade. O *self* não é apenas o centro, mas também toda a circunferência que abarca tanto o consciente quanto o inconsciente; é o centro desta totalidade, assim como o ego é o centro da consciência.

Ego	O ego é o centro da consciência e um dos maiores arquétipos da personalidade. Ele fornece um sentido de consistência e direção na vida consciente. Ele tende a contrapor-se a qualquer coisa que possa ameaçar esta frágil consistência da consciência e tenta convencer-nos de que sempre se deve planejar e analisar conscientemente a experiência. O ego reúne numerosas experiências e memórias, desenvolvendo a divisão entre o inconsciente e o consciente. Não há elementos inconscientes no ego, apenas conteúdos conscientes derivados da experiência pessoal.
Arquétipo	É uma espécie de aptidão para reproduzir constantemente as mesmas ideias míticas. Os arquétipos, como elementos estruturais formadores que se firmam no inconsciente, dão origem tanto às fantasias individuais quanto às mitologias de um povo. Dentro do inconsciente coletivo existem estruturas psíquicas ou arquétipos. Tais arquétipos são formas sem conteúdo próprio que servem para organizar o material psicológico. Os arquétipos são as imagens primordiais, porque eles correspondem frequentemente a temas mitológicos que reaparecem em contos e lendas populares de épocas e culturas diferentes.
Símbolos	Na concepção junguiana, o símbolo é uma linguagem universal infinitamente rica, capaz de exprimir por meio de imagens muitas coisas que transcendem as problemáticas específicas dos indivíduos. O símbolo é uma forma extremamente complexa. Nela se reúnem opostos numa síntese que vai além das capacidades de compreensão disponíveis no presente e que ainda não pode ser formulada dentro de conceitos. Inconsciente e consciente se aproximam.
Persona	A *persona* é uma aparência, uma realidade bidimensional, como se poderia designá-la; é um complicado sistema de relação entre a consciência individual e a sociedade; uma espécie de máscara destinada, por um lado, a produzir determinado efeito sobre os outros e, por outro, a ocultar a verdadeira natureza do indivíduo.

Anima e animus		É uma estrutura inconsciente que representa a parte sexual oposta de cada indivíduo. Jung denomina tal estrutura de *anima* no homem e *animus* na mulher. O *animus*, nos seus aspectos positivos, tem funções importantes a realizar; é o mediador entre inconsciente e consciente, papel desempenhado pela *anima* no homem. Se atentamente cuidado e integrado pelo consciente, traz à mulher capacidade de reflexão, autoconhecimento e gosto pelas coisas do espírito.
Atitudes	Introversão	Quando normal, é caracterizada por um ser hesitante, reflexivo, retraído. Os interesses primários desta atitude estão no mundo interior, ou seja, na observação, em pensamentos e sentimentos.
	Extroversão	Quando normal, é caracterizada por indivíduos que se adaptam bem a qualquer situação e relacionam-se facilmente com pessoas. Esta atitude garante mais envolvimento com o mundo externo.
Funções	Pensamento	O pensamento é um dos caminhos para se tomar decisões, utilizando o processo lógico dirigido a uma descoberta impessoal.
	Sentimento	O caminho da apreciação, que agrega valores subjetivos e pessoais em relação às decisões, chama-se sentimento.
	Sensação	É uma forma de perceber o mundo. Na função sensação toma-se conhecimento das coisas diretamente por meio dos cinco sentidos. Quando as pessoas preferem sentir (sensação), estão mais interessadas na realidade concreta ao seu redor.
	Intuição	A outra forma de perceber o mundo é por meio da intuição, que é a percepção indireta através do inconsciente, que incorpora ideias ou associações de percepções vindas de fora, perseguindo possibilidades.

Fonte: Jung (1981; 1997); Silveira (1981); Myers e Myers (1997).

Os quatro elementos que finalizam a exposição do Quadro 11 referentes às funções de adaptação, dizem respeito às formas como as pessoas tomam decisões e percebem o mundo a sua volta. Tais elementos, dentro da psicologia analítica, auxiliam na compreensão da interação da pessoa com o seu ambiente.

Silveira (1981, p. 54) assim consolida a ideia:

> Quatro pontos cardeais que a consciência usa para fazer o reconhecimento do mundo externo e orientar-se: sensação, pensamento, sentimento e intuição. Sensação constata a presença das coisas que nos cercam e é responsável pela adaptação do indivíduo à realidade objetiva. O pensamento esclarece o que significam os objetos. O sentimento faz a estimativa dos objetos. Decide o valor que têm para nós. Estabelece julgamentos como o pensamento, mas a sua lógica é toda diferente. É a lógica do coração. A intuição é uma percepção via inconsciente. É apreensão da atmosfera onde se movem os objetos, de onde vêm e qual o possível curso de seu desenvolvimento.

Anteriormente, para melhor compreensão dos níveis de consciência propostos por Freud (1923/1925), foi sugerida a metáfora do *iceberg*. No caso da complexidade de conceitos trazidos por Jung (1997), faz-se uma analogia às camadas da cebola, como representado pela Figura 5, cujo núcleo é o inconsciente coletivo, conceito este bastante relevante para a compreensão das narrativas dos contos de fadas abordados neste livro, conforme introduzido por Silveira (1981, p. 119) na seguinte afirmação:

> Os contos de fadas, do mesmo modo que os sonhos, são representações de acontecimentos psíquicos. Mas, enquanto os sonhos apresentam-se sobrecarregados de fatores de natureza pessoal (inconsciente pessoal), os contos de fadas encenam os dramas da alma com materiais pertencentes em comum a todas as pessoas (inconsciente coletivo). Eles nos revelam esses dramas na sua rude ossatura, despojados dos múltiplos acessórios individuais que entram na composição dos sonhos.

FIGURA 5 – A PSIQUE PARA JUNG

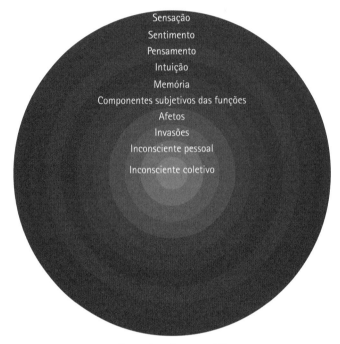

Fonte: Jung (1997, p. 60).

O vínculo do autoconhecimento com a criatividade é bastante próximo. Para Goswami (2006, p. 228), a criatividade interior "é uma jornada da realização criativa do potencial humano adulto. É a criatividade dirigida para dentro, para levar nossa identidade para além do ego".

> É verdade que a chave para entender porque alguns adultos mantêm a criatividade na vida adulta ainda precisa ser encontrada no histórico de seu desenvolvimento. As pistas estão lá. Afirmamos que a pessoa criativa administra um desafio imenso: unir os entendimentos mais avançados de determinado domínio com o tipo de problema, questão, pontos e impressões que mais caracterizaram sua vida como criança encantada com o mundo. É neste sentido que o adulto criativo se vale intensamente do capital acumulado na infância (GARDNER, 1993, p. 32, apud GOSWAMI, 2006, p. 233).

Realizar um processo adequado de autoconhecimento supõe acessar os conteúdos depositados ao longo da vida em todas as camadas, de forma autônoma e voluntária.

Uma pessoa adulta realiza o autoconhecimento a partir das informações que obtém sobre a sua vida desde a mais tenra infância. Tais informações podem contribuir sobremaneira para sua vida criativa.

Autobiografia: expressão do autoconhecimento e da criatividade

> Na biografia humana existem leis gerais de desenvolvimento para cada fase da vida, e durante o trabalho biográfico cada um identifica, em sua vida, elementos semelhantes aos de outras pessoas da mesma idade ou fase, mesmo aqueles tão peculiares e que têm a ver com o destino de cada um. Saber discernir o que é próprio da idade e o que é só seu, bem individual, assim como o que é repetitivo, é importante para o autoconhecimento. A vida global de toda a biografia permite, por sua vez, ter uma visão total, e não só dos lados de sombra. [...] A vida torna-se uma paisagem multicolorida ao invés de permanecer cinza e rotineira, como muitas vezes acontece nos dias de hoje (BURKHARD, 2010, p. 20-21).

Uma importante ferramenta dentro do processo de autoconhecimento que está ao alcance de todas as pessoas é a sua própria história de vida, sua biografia.

Segundo Burkhard (2010), a intenção do trabalho biográfico não é a pessoa se voltar somente ao passado, mas compreender a sua história, integrar esse passado ao seu presente e possibilitar melhorias no seu futuro em curto, médio e longo prazo, fazendo descobertas criativas para si e ofertando contribuições em torno de si. À medida que uma pessoa amadurece, ela fortalece sua liberdade e autonomia.

A integração e a compreensão de todos os momentos da vida ampliam a consciência dos fatos que envolvem cada circunstância vivida, podendo assim iluminar e oxigenar os momentos vindouros, dando-lhes novas cores e nuances.

Predebon (2006, p. 107) enfatiza que "o autoconhecimento traz a certeza da capacidade criativa", traduzindo assim a proposição de que o ser humano nasce livre, criativo e intenso. Infelizmente, ao longo da jornada de vida pode acontecer um distanciamento deste núcleo criativo, seja por questões de ordem estritamente pessoal, seja pelas intempéries inerentes à vida. Mas a partir do momento em que existe o conhecimento de etapas pessoais de desenvolvimento, é possível compreender de forma mais ampla a sua própria importância social.

No Quadro 12 é possível conhecer de forma resumida as etapas, chamadas de setênios, na antroposofia. Cada parte destes ciclos de sete anos compreende momentos distintos na vida de todo ser humano, sabendo-se que as vivências das primeiras fases impactam a vida adulta.

QUADRO 12 – OS SETÊNIOS

SETÊNIO	FASE	COMPREENSÃO
1º	0 a 7 anos	É o momento da reestruturação do corpo físico: a criança desenvolve o andar, o falar e o pensar. Ocorrem passos que serão necessários para o desenvolvimento posterior. Tudo o que a criança aprende é por meio da imitação. Nessa fase, a criança necessita de alimentação e sono adequados e ritmo. Além de calor, confiança e amor.
2º	7 a 14 anos	Emancipando-se da vida puramente corporal, as energias infantis reaparecem metamorfoseadas em boa memória, imaginação, prazer em repetições rítmicas e, frequentemente, em desejos de conhecer imagens de caráter universal capazes de estimular a fantasia.
3º	14 a 21 anos	Nesta fase, o jovem pode deixar-se arrastar pela vontade, pelo sentir ou por um querer excessivo que muitas vezes descamba para a agressividade. Aqui está a base da vida emotiva pessoal, em que a vida se torna assunto próprio e interrogação individual sobre tudo que existe.
4º	21 a 28 anos	É a fase emotiva, na qual se aprende a lidar com as emoções, testam-se os próprios limites e começa-se a luta por aquilo que se quer. É uma fase de conquistas (posição na vida, trabalho, parceiro, formação de família) e experimentação em nível anímico.
5º	28 a 35 anos	A razão domina os impulsos e começa-se a ponderar antes de tomar decisões. Fase de estruturação da vida – crescer na carreira, casar, ter filhos, ganhar dinheiro. O indivíduo já possui muitas experiências e mostra segurança. É convidado a participar mais do meio social. Nessa fase há muita criatividade e ação.

6º	35 a 42 anos	Hora de fazer um balanço da vida para determinar o que continua e o que deve ser modificado. A manifestação do desgaste físico começa a aparecer e o rendimento no trabalho já não é tão expressivo. Há uma aceitação de si mesmo e também do outro, quando o indivíduo já está maduro psiquicamente. Os perigos nessa fase são provocados por uma possível rotina, ocasionando fugas, ou a tentativa de manter o mesmo desempenho profissional, trabalhando além do que o corpo físico é capaz de aguentar ou competindo com os mais jovens.
7º	42 a 49 anos	No aspecto do desenvolvimento pessoal, o ser humano tem de aprender a olhar para a própria vida a partir de um plano superior: ter uma visão global do todo, abarcar instantaneamente os fenômenos da vida externa e tentar resolver os desafios de imediato. Ele ainda possui bastante força de realização para acrescentar coisas novas ao mundo ou à organização do trabalho, ou no âmbito familiar.
8º	49 a 56 anos	Esta fase é chamada de "fase da sabedoria". Ela permite uma harmonia interna cada vez maior, desde que se consiga um equilíbrio entre as solicitações da vida externa e interna. Não é mais hora de forçar as coisas. É preciso aprender a obedecer aos próprios sentimentos, a desenvolver a paciência e ter uma atitude mais contemplativa perante os acontecimentos da vida.
9º	56 a 63 anos	Em geral, esta fase é de mais introspecção. Fisicamente, as forças se retiram dos órgãos dos sentidos e do cérebro. A visão e a audição se tornam mais fracas. Essa é uma fase adequada para fazer uma retrospectiva de vida. No aspecto do autodesenvolvimento, é uma fase para se aprender a ter paciência consigo e com os outros.

Fonte: Burkhard (2010).

A compreensão das etapas do desenvolvimento humano auxilia no processo de autoconhecimento e pode se reverter em soluções mais criativas e inovadoras para os diversos setores da vida dos sujeitos que tiverem a disponibilidade interna de mergulhar nesse processo. Como se pode constatar, o autoconhecimento amplifica o desenvolvimento do ser humano como um todo, daí sua importância em função da capacidade criativa, que pode ou não ser um objetivo consciente da pessoa, ainda que lhe traga benefícios quanto a sua aplicação e manutenção como instrumento para o aperfeiçoamento pessoal e profissional.

Ao resgatar esse conhecimento das etapas do processo de desenvolvimento por meio de estímulos à criatividade com adultos, pretende-se também proporcionar momentos de autorreflexão em relação ao desenvolvimento pessoal que se possam manifestar em ações concretas de mudanças em sua própria realidade, de forma nova e criativa. A consciência da estrutura de cada ciclo na vida concreta pode ajudar a estimular recursos internos para lidar criativamente com as soluções na vida adulta produtiva.

Vida interior e vida criativa

> Ao se tornar consciente de sua existência individual, o homem não deixa de conscientizar-se também de sua existência social, ainda que esse processo não seja vivido de forma individual. O modo de sentir e de pensar os fenômenos, o próprio modo de sentir-se e pensar-se, de vivenciar aspirações, os possíveis êxitos e eventuais insucessos, tudo se molda segundo ideias e hábitos particulares ao contexto social em que se desenvolve (OSTROWER, 2013, p. 16).

Já foi descrito neste livro que a criatividade é fruto da intersecção de quatro dimensões: produto, processo, pessoa e ambiente, sendo que a dimensão pessoa tem grande impacto dentro dessa composição. O fato é que a criatividade acontece a partir da subjetividade humana, dando assim o sentido de realização.

Pink (2010, p. 50), pensador contemporâneo das questões motivacionais no ambiente profissional, afirma que "a realização significativa depende de erguer os olhos e mirar em direção ao horizonte", referendando desse modo a noção de foco em determinado objetivo e a motivação intrínseca para concretização de metas.

Um dos grandes desafios de todo ser humano é conciliar uma vida interior saudável a uma vida criativa útil, independentemente do lugar que ocupa profissionalmente. A vida interior no trabalho, para Amabile e Kramer (2013), reúne habilidades, talentos, emoções, *insights*, impressões, conhecimento, entre outros elementos que dão sentido ao cotidiano da vida profissional individual e da equipe.

Dar sentido ao fazer diário mobiliza um desenvolvimento do ser.

A individualidade de cada um, vista como um valor, é parte de acervo humanista. Ressalvamos sua importância, a fim de poder abordar a questão das influências a que estará exposto o indivíduo criativo em qualquer contexto cultural em qualquer idade biológica (OSTROWER, 2013, p. 147).

Cada ser humano é único com seu jeito de ser e também com suas dificuldades. E cada pessoa é parte integrante de um contexto maior do que a sua própria existência.

"A vida interior no trabalho é relevante porque, não importa quão brilhante seja a estratégia de uma empresa, sua execução depende de um excelente desempenho por parte das pessoas no seio da organização" (AMABILE; KRAMER, 2013, p. 14).

Enfatizando-se ainda a dimensão pessoa, pode-se buscar em Goswami (2006, p. 229) uma síntese dessa reflexão, quando afirma que "a criatividade interior é uma jornada de transformação", assim como para Robbins (1995, p. 33), que propõe que a "nossa jornada pessoal é um processo criativo guiado por uma dinâmica transformativa". Logo, pensar em vida criativa é pensar também no caminho que cada pessoa faz dentro de si mesma e na interação com o mundo a sua volta.

Rocha (2012, p. 261) reitera que, "embora a ilusão seja destituída de realidade empírica, tem, no entanto, papel fundamental na constituição da subjetividade", e a pessoa que se encontra atenta às informações de sua subjetividade certamente abre espaços para seu próprio desenvolvimento. A autora traz uma abordagem freudiana sobre o tema. Freud abre uma perspectiva nova para o estudo da ilusão, que vai subverter inteiramente o que o senso comum disse e pensou a seu respeito. Em vez de se preocupar em defender a verdade do conteúdo das criações ilusórias e fantasmáticas, essa nova perspectiva põe em ação a capacidade e potencialidade do poder criativo da ilusão, tanto no plano individual quanto no plano cultural, dando à ilusão uma acepção positiva.

Para melhorar a vida interior e conectá-la à vida criativa, talvez o desafio humano esteja em encontrar formas para acessar a riqueza da ilusão criativa e apropriar-se dela como algo palpável de sua subjetividade, tanto para estimular sua criatividade quanto para incrementar seu processo de individuação.

Silveira (1981, p. 113), discípula junguiana, afirma que "os sonhos constituem os melhores índices de informação das etapas que o sonhador esteja percorrendo no caminho da individuação". Os sonhos mostram naturalmente caminhos para acessar a vida interior, conforme expressa o próprio Jung (1981, p. 121):

> Os sonhos contêm imagens e associações de pensamentos que não criamos através da intenção consciente. Eles aparecem de modo espontâneo, sem nossa intenção e revelam uma atividade psíquica alheia à nossa vontade arbitrária. O sonho é, portanto, um produto natural e altamente objetivo da psique, do qual podemos esperar indicações ou pelo menos pistas de certas tendências básicas do processo psíquico.

Para Garcia-Roza (1992, p. 69):

> [...] o sentido de um sonho nunca se esgota numa única interpretação, e isso porque todo sonho é sobredeterminado, isto é, um mesmo elemento do sonho manifesto pode nos remeter a séries de pensamentos latentes inteiramente diferentes.

Vale lembrar que existem diversos métodos para interpretação de sonhos, embora não se trate aqui de descrevê-los; porém, o sonho manifesta-se de forma inconsciente e oferece insumos conscientes para as pessoas que estão atentas à sua própria interpretação e ao aproveitamento das informações oníricas, como Freud (1900/1972, p. 98) declara:

> Há nos sonhos uma encantadora poesia, uma alegoria arguta, um humor incomparável, uma rara ironia. O sonho contempla o mundo à luz de um estranho idealismo e, muitas vezes, realça os efeitos do que vê pela profunda compreensão de sua natureza essencial. Retrata a beleza terrena ante nossos olhos num esplendor verdadeiramente celestial e reveste a dignidade com a mais alta majestade; mostra-nos nossos temores cotidianos da mais aterradora forma e converte nosso divertimento em chistes de uma pungência indescritível. E algumas vezes, quando estamos acordados e ainda sob o pleno impacto de uma experiência como essa, não podemos deixar de sentir que jamais em nossa vida o mundo real nos ofereceu algo que lhe fosse equivalente.

A vida interior e a vida criativa caminham juntas, e Ostrower (2013) dimensiona uma expectativa em relação à humanidade adulta e amadurecida, propondo que as pessoas possam usufruir de suas atividades de forma prazerosa, não hedonista, que as eleve ao sentido pleno da realização de seus potenciais. O aprendizado oriundo da conexão que se estabelece entre elas e a pessoa humana constrói o alicerce para o alcance da formação integral, harmônica e ao mesmo tempo dinâmica, onde estão presentes o eu, o outro e o mundo (GREGORIN FILHO, 2012).

No entanto, Freud (1908/1976, p. 136) já alertava sobre as trocas que se realizam na vida interior:

> Ao crescer, as pessoas param de brincar e parecem renunciar ao prazer que obtinham do brincar. Contudo, quem compreende a mente humana sabe que nada é tão difícil para o homem quanto abdicar de um prazer que já experimentou. Na realidade, nunca renunciamos a nada, apenas trocamos uma coisa pela outra. O que parece ser uma renúncia é, na verdade, a formação de um substituto ou sub-rogado. Da mesma forma, a criança em crescimento, quando para de brincar, só abdica do elo com os objetivos reais; em vez de brincar, ela agora fantasia. Constrói castelos no ar e cria o que chamamos de devaneios. Acredito que a maioria das pessoas construa fantasias em algum período de suas vidas. Este é um fato a que, por muito tempo, não se deu atenção, e cuja importância não foi, assim, suficientemente considerada.

O ato de fantasiar do adulto é originalmente o brincar da criança, que era realizado de forma prazerosa. O resgate desse movimento interno pode estimular mais a fantasia, a ilusão e a imaginação, que são aspectos recorrentes em estudos psicológicos, que hoje podem ser correlacionados à questão da criatividade. Vale lembrar que uma narrativa é sempre fruto da imaginação e da fantasia de alguém.

No início do século XX, Freud (1908/1976, p. 136) afirmava que "as fantasias das pessoas são menos fáceis de observar do que o brincar das crianças"; e Estrada (2011, p. 154) constata que "o brincar das crianças ressurge nos adultos sob outras vestes, através da cultura, arte e religião", que dependem de narrativas para se perpetuarem. "O sonho é a melhor expressão que existe para os acontecimentos interiores, podendo-se dizer o mesmo com relação aos mitos e aos contos de fadas" (FRANZ, 1990, p. 22).

> Quando no indivíduo os processos de crescimento e de maturação se realizam de algum modo significativo, permitindo que ele se discrimine em si e individualize em sua visão de vida, verifica-se uma definição maior e mais seletiva na sua atitude interior perante o mundo. O indivíduo atinge novos níveis de equilíbrio, ou seja, à crescente complexidade intelectual e emocional corresponde também uma ordenação superior (OSTROWER, 2013, p. 148).

A vida interior e a vida criativa nascem da fusão de vários elementos. Porém, o movimento mais valoroso nesse processo é de fato a busca inquieta desses elementos, uma busca infinita e eterna que mobiliza a passagem do ser humano sobre a terra, sendo ele mesmo autor de suas próprias narrativas e da sua própria história de vida.

NARRATIVAS

As narrativas estão no cotidiano de todas as pessoas. Elas podem se manifestar de variadas maneiras, aguçando a percepção de quem as acessa. Propõem-se dois caminhos de reflexão a partir deste ponto. O primeiro deles tem como referência as narrativas de modo geral, cuja essência se mescla às experiências pessoais, gerando novos aprendizados, o próprio deleite, bem como a ampliação das formas do pensar. O segundo caminho diz respeito à especificidade das narrativas infantis, que por um lado podem ser correlacionadas à criatividade e, por outro, ligadas ao processo de autoconhecimento.

Narrativas em geral, as artes e a literatura

> Uma narrativa não se parece em nada com uma linha reta desenhada com uma régua; se assim o fosse, não seria interessante. O interesse de uma narrativa repousa em suas digressões, em episódios que podem ser diagramados como sequencias, nós – no sentido de amarras –, interrupções, ou desvios formando uma figura visível (MILLER, 1998, p. 68).

O ser humano é exposto de maneira permanente a diversas formas de narrativas: música, dança, teatro, belas-artes, cinema, literatura. Martinez (2008, p. 23) lembra que "o ato de narrar é antiquíssimo", e Rocha (2008, p. 8) enfatiza: "O que marca o ser humano é justamente sua particularidade de possuir e organizar símbolos que se tornam linguagens articuladas, aptas a produzir qualquer tipo de narrativa".

Em linha com Prieto (1999), podemos dizer que a vida é recheada de narrativas, afinal, todos temos histórias a contar, próprias, vividas, e histórias que ouvimos, os casos.

O mais curioso é que o despertar do interesse pelas narrativas não está em sua linearidade, mas em seus aclives e declives.

Um exemplo dessa digressão é a própria arte em sua essência primordial. A arte narra o viver em sociedade, a sua relação com o mundo, com a vida e com a cultura, sempre de um modo inquietante. A arte como narrativa convida a um olhar diferente sobre as mais variadas situações; a arte educa, provoca, estimula, faz pensar.

Botton (2011, p. 191), filósofo contemporâneo, afirma que "a arte tem um papel a desempenhar nessa manobra da mente sobre a qual, não por coincidência, a própria civilização está fundada". Infere-se, com base nesse mesmo autor, que o produto artístico por si só tem o efeito da provocação: "[...] a boa arte é a apresentação sensorial daquelas ideias que mais importam para o funcionamento adequado da alma – e que, contudo, ficamos inclinados a esquecer, apesar de formarem a base de nossa capacidade de contentamento e virtude" (BOTTON, 2011, p. 183).

As narrativas, de modo geral, como as artes, são elementos criativos. Sendo assim, "os fatos criativos distinguem-se da manifestação criativa nas artes pelo compromisso deles com a realidade e os resultados" (PREDEBON, 2006, p. 52). Ainda à luz da perspectiva da arte como narrativa, Botton (2011, p. 205) prossegue conjecturando "que a arte possa servir às necessidades da psicologia com a mesma eficiência que, por séculos, tem atendido às da teologia", fazendo-se aqui menção à relevância da arte como sustentáculo para as diversas manifestações religiosas.

Pelo seu caráter simbólico, a arte alimenta o imaginário e sustenta as diversas outras formas de narrativas. A arte como narrativa ainda dá conta de questões inconscientes, e sua compreensão provoca a revitalização de tais processos, refazendo desse modo a conexão entre consciente e inconsciente (JUNG, 1997).

"No encontro com a literatura – ou com a arte em geral –, as pessoas têm a oportunidade de ampliar, transformar ou enriquecer sua própria experiência de vida, em um grau de intensidade não igualada por nenhuma outra atividade" (COELHO, 2000, p. 29).

Dentro da arte literária, as narrativas constroem sua trajetória na humanidade desde épocas muito remotas. Estudos comprovam evidências dos primórdios do que hoje se denomina por literatura:

A descoberta da arte das cavernas, há 12 ou 15 mil anos, feita pelos arqueólogos, mostra, de maneira inequívoca, esse impulso essencial que leva o homem a expressar através de uma forma (realista ou alegórica) suas experiências de vida. Ao estudarmos a história das culturas e o modo pelo qual elas foram sendo transmitidas de geração em geração, verificamos que a literatura foi o seu principal veículo (COELHO, 2000, p. 16).

Para Estrada et al. (2013, p. 82), "a leitura de textos literários nos dá a oportunidade de alargar nosso conhecimento da natureza humana", colaborando dessa forma com que novos aprendizados e novas conexões aconteçam, não somente pelo caminho da cognição, mas, sobretudo, pelo viés subjetivo, algo pouco enfatizado na sociedade ocidental. Complementando os autores anteriores, Cassirer (1959, p. 38) defende que "a literatura é a melhor revelação da vida interior da humanidade", uma vez que aciona outras dimensões por meio da linguagem, como faz notar Miller (2002, p. 20): "A literatura impede ou suspende ou redireciona a referencialidade normal da linguagem. A linguagem em literatura é desviada de tal forma que se refere apenas a um mundo imaginário".

Para Coelho (2000), "a linguagem é, por si, uma relação com o mundo, com o inconsciente e a história", tem uma forte ação no intelectual humano, orientando vontades, sentimentos, pensamentos e ações; e Estrada et al. (2013, p. 81) apontam que "o problema do significado, de satisfatoriamente articular um significado, é indispensável hoje no fragmentado, imediatista, midiático mundo em que vivemos", cabendo aqui citar Ostrower, e Petraglia e Vasconcelos, respectivamente, em suas constatações sobre subjetividade e objetividade no mundo:

> O homem usa palavras para representar coisas. Nessa representação, ele destitui os objetos das matérias e do caráter sensorial que os distingue, e os converte em pensamentos e sonhos, matéria-prima da consciência. Representa ainda as representações. Simboliza não só objetos, mas também ideias e correlações. Forma do mundo de símbolos uma realidade nova, novo ambiente tão real e tão natural quanto do mundo físico (OSTROWER, 2013, p. 22).

A abordagem simbólica faz parte da realidade da psique total, envolvendo tanto aspectos cognitivos como também sentimentos e intuições. Assim, temos um intelecto que, para se adaptar adequadamente à realidade, deve lidar não apenas com o mundo das coisas, mas também com os aspectos da subjetividade humana, exigências de uma realidade psíquica sempre em transformação, e muitas vezes incognoscível (PETRAGLIA; VASCONCELOS, 2009, p. 15).

Para Coelho (2008), os tempos se modificam constantemente. Todavia, a natureza humana se mantém e a literatura é o momento relacional do eu com o outro e de ambos com o mundo.

As narrativas construíram civilizações no decorrer dos séculos e carregam relação com os temas interiores, com questões misteriosas, com situações próprias da caminhada pela vida, formando assim uma "herança valorosa" que nutre a vida interior do ser humano. Com a literatura existe uma recuperação de assuntos e imagens que remete a tempos passados, que sempre sustentaram a existência humana (GREGORIN FILHO, 2012).

Para Miller (2002, p. 5): "Desde que a literatura pertence ao domínio do imaginário, o que quer que seja dito em um trabalho literário pode sempre ser justificado por ser experimental, hipotético, segregado de afirmações referenciais ou performativas".

Miller (2002) indaga as questões fundamentais do por que as pessoas deveriam ler literatura e como a literatura tem tanta influência sobre elas. Ele afirma que as pessoas devem continuar a ler literatura, pois é parte da necessidade humana criar mundos imaginários e ter histórias para contar. Mesmo assim, o autor sente alguma nostalgia pelo que chama "leitura inocente", e adverte à reflexão sobre tais mundos da inocência com um espírito crítico. Corroborando esse postulado: "Ler é prática criativa e crítica, é exercício poético e político, é experiência estética e ética. Por isso, a leitura é guardiã das possibilidades de transformação do homem e do mundo" (GREGORIN FILHO, 2012, p. 23).

> O texto literário, por sua literariedade e sua plurissignificação, instiga descobertas, permite viagens insuspeitadas. Pode proporcionar deleite ou estranhamento, mas dificilmente deixará que o leitor se mantenha indiferente, estimulando a reflexão crítica, o crescimento pessoal (MICHELLI in GREGORIN FILHO, 2012, p. 51).

Para Estrada et al. (2013, p. 82), "o texto literário transmite mais do que o conhecimento daquilo que está representado, antes constituindo uma visão de algo que já existe na imaginação". A literatura está próxima de todas as pessoas todo o tempo e o imaginário inerente a ela se faz presente: "O imaginário vem a passos de lobo, patinando suavemente sobre um pretérito perfeito, um pronome, uma lembrança, em suma, tudo o que pode ser reunido sob a divisa do Espelho e de sua Imagem" (BARTHES, 1975, p. 114).

Nesta linha, Michelli (in GREGORIN FILHO, 2012, p. 26) aprofunda o caminho da reflexão:

> O ser humano está sempre à volta com histórias. Ouve-as para adormecer, embalado pela voz da mãe, no colo ou no berço. Um pouco mais crescido, aprendendo a ler, pode ter acesso a livros escolhidos por ele mesmo, embora o professor funcione como um importante intermediário, quase um cicerone, a conduzir seus alunos pelo prazer de ler nas entrelinhas de um texto, ultrapassando a obviedade da superfície. Descortina-se um novo mundo mediado pela palavra impressa, acompanhada ou não de imagens, encantando leitores. Ler é viajar – na emoção, na curiosidade, no conhecimento, na aprendizagem, no prazer... ler é produzir sentido... para si, para o mundo, para a vida.

Gregorin Filho (2012, p. 24) ilustra:

> A literatura que humaniza traz sempre algo de mágico, trabalha com a emoção, com as paixões humanas. Isso não significa o prazer fácil, as alegrias e soluções banais e rápidas. Significa um mergulho na complexidade dessas paixões, revelando a ambivalência dos sentimentos humanos.

Prieto (1999, p. 10) sintetiza: "Conforme amadurecemos e relemos as mesmas histórias sob diferentes ângulos, elas nos possuem, permanecem presentes em nossa caminhada e nos trazem novas mensagens".

As narrativas em geral, como marcante porção das artes, da arte literária em si, da literatura, deixam suas marcas de forma contínua e indelével no espírito e na formação emocional das pessoas.

> Nada parece mais natural ou universal para os seres humanos do que contar histórias. Certamente não há cultura humana, mesmo que "primitiva", sem suas histórias e hábitos dos contos de histórias, seus mitos sobre a origem do mundo,

suas lendas da tribo ou séries de histórias sobre heróis lendários (MILLER in LENTRICCHIA; McLAUGHLIN, 1990, p. 66).

A leitura das narrativas vai alterando seu impacto na alma do ser humano à medida que passa o tempo e que ela se repete, mas encontra o indivíduo em outro momento de sua vida.

Narrativas infantis

> Embora os contos de fadas tivessem um sentido de verdade, ligada à realidade do cotidiano humano, tornaram-se, no decorrer dos séculos, isentos do sentido original, de sua essência arcaica, em que a fantasia acabou por substituir a magia, transformando-se em contos infantis (PETRAGLIA; VASCONCELOS, 2009, p. 7).

Chegando-se ao ponto focal do tema tratado neste livro, pode-se afirmar que o que motiva a escolha das narrativas infantis, em particular, é a possibilidade de utilizar a imaginação e as informações arquetípicas contidas exatamente nessas narrativas como um código de acesso, para que elementos inconscientes possam de fato manifestar-se e contribuir de forma intensa para a expansão da criatividade e do autoconhecimento.

Nas palavras de Coelho (2008, p. 20): "Os contos de fadas deixaram de ser vistos como entretenimento infantil e vêm sendo redescobertos como autênticas fontes de conhecimento do homem e de seu lugar no mundo".

Com tantos estímulos cibernéticos atuais, fica difícil haver uma valorização de narrativas infantis com seus textos aparentemente pueris e alguns bastante arcaicos. Estar aberto a essa remota herança faz com que o ser humano se coloque em contato com novas formas de pensamento e com o rico substrato do nível inconsciente:

> [...] os contos podem lhe permitir brincar, imaginar, criar a própria sensibilidade e o senso estético. Os contos podem, ainda, favorecer a sua capacidade de introspecção, reunindo atributos racionais, míticos, mágicos e imaginários, capazes de propiciar a transcendência do aqui e agora (PETRAGLIA; VASCONCELOS, 2009, p. 16).

Um olhar mais atento para uma narrativa de conto de fada, por exemplo, permite a sensação de estar lendo histórias muito próximas da atual realidade do adulto. Essa proximidade ancestral traz à tona a experiência do autoconhecimento, tanto para ilustrar uma explicação prática que necessite de uma boa analogia e metáfora quanto para iluminar reflexões pessoais (MOREIRA, 2010a), lembrando que "a metáfora não funciona simplesmente no âmbito analítico da imaginação, mas convoca, também, capacidades emocionais e estéticas" (HATCH, 2002, p. 21).

Surgem, portanto, duas possibilidades de aprofundamento. A primeira é a da narrativa infantil como uma ferramenta que auxilia o encontro de elementos subjetivos que estimulem a criatividade; a segunda possibilidade traz a narrativa como um instrumento que facilita o acesso aos aspectos subjetivos, estimulando o processo de autoconhecimento.

1. Narrativas infantis e criatividade

> O elemento fantástico presente enquanto maravilhoso nas narrativas cumpre a função de garantir que se trata de outra dimensão, de outro mundo, com possibilidades e lógicas diferentes. Assim fazendo, os argumentos da razão e da coerência já são barrados na porta, e a festa pode começar sem suas incômodas presenças, bastando pronunciar as palavras mágicas **Era uma vez...** como uma senha de entrada (CORSO; CORSO, 2006, p. 27, grifo nosso).

Especificamente nas narrativas infantis, a clássica e mundialmente conhecida expressão **Era uma vez...** se transforma num grande ativador criativo, carregando em si mesmo um mundo de fantasias e possibilidades, tanto individuais quanto coletivas.

Para Silveira (1981, p. 119), "os contos de fadas têm origem nas camadas profundas do inconsciente, comuns à psique de todos os humanos"; para Estés (2005, p. 13), "à medida que a pessoa cresce e amadurece, descobre novas camadas de significação nos contos"; e Tatar (2004, p. 8) confirma que "as histórias da infância têm o poder não só de construir o mundo infantil da imaginação como de edificar o mundo adulto da realidade", proposições estas validadas por Farias (in ALMEIDA; PETRAGLIA, 2012, p. 55), ao afirmar que:

As histórias infantis são importantes porque ensinam, educam; ampliam o conhecimento; iluminam; provocam reflexões pessoais e coletivas; despertam sentimentos adormecidos; comovem; proporcionam momentos de ludicidade; alimentam a cognição, o espírito e a alma; transmitem valores; recriam a memória; ativam a imaginação; aliviam as dores do coração, auxiliando na transformação pessoal e na cura dos ferimentos psíquicos; mantêm viva a tradição e expandem a linguagem, enriquecendo o vocabulário. Elas permitem, ainda, extrapolar os limites da compreensão lógica sobre o mundo.

As narrativas infantis, metaforicamente, são como pequeninos seres livres e autônomos que transitam com grande facilidade dentro do inconsciente, e ter uma história gravada na memória é conferir relevância a ela. As narrativas tradicionais são importantes e auxiliam na construção e no desenvolvimento da subjetividade humana (CORSO; CORSO, 2006). A tomada de consciência em relação às demandas da realidade concreta pode surgir de uma elaboração da vida interna da pessoa adulta, conforme lembrado por Ostrower (2013, p. 130):

O adulto criativo altera o mundo que o cerca, o mundo físico e psíquico; em suas atividades produtivas ele acrescenta sempre algo em termos de informação, e, sobretudo, em termos de formação. Nessa sua atuação consciente e intencional, ele pode até transformar os referenciais da cultura em que se baseiam as ordenações que faz e aos quais se reportam os significados de sua ação.

Martinez (2008, p. 53) relembra que a criatividade é inspirada pelas simbologias mitológicas marcantes nos contos de fadas mais simples até as lendas mais elaboradas e sofisticadas. Para a autora, os contos de fadas são "produções espontâneas da psique", podendo ser entendidos como portas interiores capazes de levar as pessoas por caminhos da imaginação que não só as conduzem a belas histórias, mas que podem em algum momento servir de ponto de partida para reflexões mais preciosas sobre o mundo interior e as possibilidades criadoras. Nesse sentido, Estés (2005, p. 12) indica um caminho que constata esse viés do conto como um ativador criativo:

Embora se pense que ler e ouvir contos de fadas seja uma simples transferência de seu conteúdo para os corações e almas jovens e as dos que jamais envelhecem, o processo é muito mais complexo. Ouvir e lembrar os contos tem um efeito mais semelhante ao de se ligar a uma tomada interna. Uma vez ativados, os contos evocam um subtexto mais profundo na psique, uma percepção através do inconsciente coletivo.

Uma narrativa traduz, com palavras de outros, situações muito semelhantes à vida. "Um conto convida a psique a sonhar com alguma coisa que lhe parece familiar, mas em geral tem suas origens enraizadas no passado distante" (ESTÉS, 2005, p. 12).

A vida real cria sempre figuras novas, brilhantes, coloridas, que se sobrepõem aos personagens imaginários: o conto sofre a influência da realidade histórica contemporânea, do *epos*[1] dos povos vizinhos, e também da literatura e da religião, tanto dos dogmas cristãos como das crenças populares locais. O conto guarda em seu seio traços do paganismo mais antigo, dos costumes e ritos da Antiguidade. Pouco a pouco, o conto vai sofrendo uma metamorfose, e suas transformações também estão sujeitas a determinadas leis. Todos esses processos criam uma tal diversidade de formas que seu estudo se torna extremamente difícil. Mas, mesmo assim, este estudo é possível (PROPP, 2010, p. 85-86).

De acordo com Bettelheim (1980), os contos de fadas têm sido recontados durante séculos e se tornado cada vez mais refinados, passando a transmitir ao mesmo tempo diversos significados e a falar simultaneamente para todos os níveis de personalidade humana. Assim, comunicam-se de uma maneira que atinge a mente ingênua da criança tanto quanto a do adulto sofisticado.

Quer tenhamos ou não consciência disso, os contos de fadas modelaram códigos de comportamento e trajetórias de desenvolvimento, ao mesmo tempo que nos conferem termos com que pensar sobre o que acontece em nosso mundo (TATAR, 2004, p. 9).

Ler contos de fadas na vida adulta é uma riqueza incomensurável, e o eco dessa leitura é capaz de provocar uma ressonância transformadora e criadora na vida de todas as pessoas. As narrativas infantis, além de estimular a imaginação criativa, propiciam momentos de reflexão profunda, que por sua vez aumentam as chances do autoconhecimento.

---

[1] *Epós*: do grego *épos* (canto heroico), a poesia épica ou epopeia é um longo poema narrativo que exalta as origens ou façanhas heroicas de um povo.

2. Narrativas infantis e autoconhecimento

> Nos contos de fadas acham-se gravadas ideias infinitamente sábias que durante séculos se recusaram a se deixar mutilar, desgastar ou matar. As ideias mais persistentes e sábias estão reunidas nas teias de prata a que chamamos contos. Desde a descoberta do fogo, os seres humanos se sentem atraídos pelos contos (ESTÉS, 2005, p. 11).

As narrativas infantis contêm uma fluidez que lhes confere elementos estéticos que provocam ou estimulam a leitura. No entanto, dar leveza às palavras, por meio de narrativas de contos de fadas, não quer dizer que se queira suavizar o processo de autoconhecimento, como elucida Volobuef (2011, p. 19): "O conto de fadas examina as dificuldades com as quais o ser humano se confronta e indica como vencer seus conflitos internos, propondo um caminho para o amadurecimento – uma estratégia para atravessar a morte e voltar à vida".

Para Petraglia e Vasconcelos (2009, p. 4), "os contos de fadas constituem-se na problemática existencial, em que o ser humano está em permanente busca de realização profunda e pessoal", sendo possível resgatar a importância das narrativas infantis como suporte no processo de autodescoberta. Com as narrativas infantis, esse processo de desenvolvimento pessoal pode ser facilitado em função da erudição presente em cada história arcaica.

A busca pelo desenvolvimento individual passa por circunstâncias distintas na vida de toda e qualquer pessoa. Em diversos momentos, olhar para si mesmo não é tão simples nem tão agradável, mas se faz necessário em função do próprio amadurecimento (MOREIRA, 2008).

Na devida ordem, Ostrower e Coelho apresentam suas reflexões sobre o tema.

> O indivíduo, amadurecendo progressivamente, se diferencia dentro de si e em níveis coerentes embora mais complexos, reorienta-se em seus componentes diferenciados. Alcança novas formas de equilíbrio interior. O processo de maturação envolve, pois, uma unificação em maior diversificação; envolve a busca de identidade, a possível individuação da personalidade (OSTROWER, 2013, p. 130).

"Essa tem sido a conclusão da psicanálise, ao provar que os significados simbólicos dos contos maravilhosos estão ligados aos eternos dilemas que o homem enfrenta ao longo de seu amadurecimento emocional" (COELHO, 2000, p. 54).

Os contos de fadas têm um léxico particular, com um vasto grupo de ideias expressas em palavras e imagens que simbolizam pensamentos universais (ESTÉS, 2005). As narrativas podem funcionar como recursos úteis que oferecem chaves que abrirão as portas da autoconfiança, do pensamento crítico, da saúde mental e da criatividade das pessoas. O subsídio inserido nas narrativas assemelha-se à própria direção da vida, conforme é possível compreender nas palavras a seguir:

> Trocando em miúdos a vida é uma história, e o que contamos dela é sempre algum tipo de ficção. A história de uma pessoa pode ser rica em aventuras, reflexões e frustrações, mas sempre será uma trama, da qual parcialmente escrevemos o roteiro. Frequentar as histórias imaginadas por outros ajuda a pensar a nossa existência sob pontos de vista diferentes (CORSO; CORSO, 2006, p. 21).

Uma ferramenta relevante que pode auxiliar no autoconhecimento por meio das narrativas é a compreensão da estrutura dos contos. Mesmo tendo conhecimento da complexidade de informações e análises lançadas em 1928, mas difundidas nos anos 1960 pelo acadêmico estruturalista russo Propp (2010), que chegou a 31 partes distintas dentro da estrutura dos contos, optou-se aqui pela proposição da crítica literária brasileira de Coelho (2008), que, inspirada em Propp (2010), organiza a estrutura de um conto em seis etapas: crise, aspiração, viagem, desafio, mediação e conquista. Tais etapas funcionam como letreiros no decurso da estrada, apontando a direção: "As narrativas míticas e as fábulas relacionam-se com nossos profundos problemas interiores e com os mistérios da vida, constituindo-se em sinalizadores que nos orientam ao longo do caminho e da existência" (FARIAS in ALMEIDA; PETRAGLIA, 2012, p. 62).

Silveira (1981, p. 89) afirma que "o processo de individuação é descrito em imagens nos contos de fadas, mitos, nos sonhos, nas diferentes produções do inconsciente"; portanto, conhecer a estrutura do conto auxilia na iluminação do processo de autoconhecimento.

Coelho (2008, p. 120) reitera: "Na correlação analógica entre as coordenadas invariantes do universo literário e do universo humano, compreende-se a fascinação que tais narrativas têm exercido sobre o espírito humano".

O Quadro 13 possibilita a constatação dessa correlação, antecedida pela explicação sobre as invariantes em narrativas complexas:

QUADRO 13 – AS INVARIANTES EM NARRATIVAS COMPLEXAS E AS CONSTANTES BÁSICAS DO VIVER

Funções	Invariantes em narrativas complexas	Constantes básicas do viver humano
Crise	Todo conto tem como motivo desencadeante uma situação de desequilíbrio da normalidade, a qual se transforma em desafio para o herói.	É natural que na vida real todo ser humano viva contínuas situações de mudança ou de crise, pois do nascimento à morte passamos por muitas transformações, desafios e provas.
Aspiração	O desafio é aceito pelo herói como ideal, aspiração ou desígnio a ser alcançado.	Todo ser humano tem suas aspirações, seu ideal, seu desígnio a ser atingido na vida, em busca de autorrealização.
Viagem	A condição primeira para a realização desse desígnio é sair de casa: o herói empreende uma viagem ou se desloca para um ambiente estranho, não familiar.	Basicamente, a luta pela autorrealização trava-se fora de casa, no corpo a corpo do **eu** com o mundo exterior, com outros.
Desafio	Há sempre um desafio à realização pretendida, ou surgem obstáculos aparentemente insuperáveis que se opõem à ação do herói.	São as inevitáveis dificuldades que se interpõem entre o **eu** e seu caminho para a autorrealização.
Mediação	Surge sempre um mediador entre o herói e o objetivo que está difícil de ser alcançado, isto é, surge um auxiliar mágico, natural ou sobrenatural, que afasta, neutraliza os perigos e ajuda o herói a vencer.	São os auxílios que, via de regra, o **eu** recebe para poder avançar em seus caminhos.
Conquista	Finalmente, o herói vence ou conquista o objetivo almejado.	Esta deveria ser o desenlace feliz para a autorrealização desejada pelo **eu**, como acontece sempre nos contos de fadas.

Fonte: Coelho (2008, p. 119-120).

Por meio do entendimento cognitivo da estrutura de narrativas antigas, existe uma convocação para um olhar subjetivo do trajeto da própria história. Estés (1994, p. 41) recorda que "penetramos numa história pela porta da escuta interior", e essa escuta interior pode ser guiada por métodos estruturados, como é o caso das seis invariantes propostas por Coelho (2008). O acesso aos arquétipos presentes nos contos e o conhecimento de seu arcabouço íntimo auxiliam na iluminação do processo de autoconhecimento, constatação esta que se pode aferir duplamente:

> A noção de arquétipo, postulando a existência de uma base psíquica comum a todos os humanos, permite compreender por que em lugares e épocas distantes aparecem temas idênticos nos contos de fadas, nos mitos, nos dogmas e ritos das religiões, nas artes, na filosofia, nas produções do inconsciente de um modo geral (SILVEIRA, 1981, p. 78).

> As histórias são bálsamos medicinais. Nas histórias estão incrustadas instruções que nos orientam a respeito das complexidades da vida. As histórias nos permitem entender a necessidade de reerguer um arquétipo submerso e os meios para realizar essa tarefa (ESTÉS, 1994, p. 20).

A exemplo do mito que "fala de uma perigosa jornada da alma, com obstáculos a serem transpostos" (CAMPBELL, 1992, p. 353), ler um conto é extrair de cada palavra a possibilidade do encontro pessoal, no qual temas como medo e angústia, peculiares à existência humana, assim como alegrias e realizações, são apresentados e ressaltados.

"É a partir do contato silencioso com o nosso interior que podemos travar diálogos riquíssimos que nos permitirão, inclusive, nos beneficiar da angústia e sairmos fortalecidos de dentro de nós mesmos" (MOREIRA, 2009a, p. 91).

Para que o autoconhecimento aconteça por meio das narrativas infantis, alguns atributos são fundamentais. Mellon (2006, p. 45) alerta que "a coragem necessária para descer até níveis inferiores do mundo das histórias pode conduzi-lo a muitas direções diferentes de uma só vez".

Moreira (2008, p. 83) reitera:

> O conhecimento ancestral presente nas narrativas infantis carrega em si uma imensa riqueza quando traz a possibilidade de mostrar o quanto a natureza

humana, independentemente da época, se manteve, com seus desafios e inquietações, suas lutas e embates, suas conquistas e realizações.

A coragem diante dos dilemas da vida é de fato a mola propulsora que fará o ser humano avançar na eterna busca de si mesmo. O magnetismo em relação às narrativas infantis está para além das alegorias literárias fantasiosas. O que ressoa na alma humana é a possibilidade do encontro de algo novo na ancestralidade. Como uma visita que se faz a um lugar já visitado, onde é sempre possível se deparar com algum elemento não visto das outras vezes. Essa atração será eterna.

> Não se trata de acreditar nos feitos heroicos e nos encantamentos que as estórias descrevem. Essas coisas não são verdades objetivas, mas, sim, são verdades subjetivas narradas na linguagem dos símbolos. Estórias e mitos não passarão através do crivo das exigências racionais, evidentemente. Contudo isso não impede que atinjam outras faixas para além do consciente. Obscuramente o homem pressentirá que ali se espalham acontecimentos em desdobramento no seu próprio e mais profundo íntimo. São essas ressonâncias que fazem o eterno fascínio dos contos de fadas (SILVEIRA, 1981, p. 120).

As narrativas infantis são oriundas de diversas fontes e, mesmo pertencendo ao núcleo da imaginação, estão conectadas a problemas reais e dilemas concretos (PETRAGLIA; VASCONCELOS, 2009). Em determinados momentos, uma palavra, um conto de fadas, um poema ou uma história soam tão bem, tão perfeitos, que fazem com que as pessoas se lembrem, pelo menos por alguns momentos, da matéria-prima criativa da qual são feitas (ESTÉS, 1994), construindo-se deste modo uma ponte entre a essência da narrativa e a essência da pessoa.

A vida criativa de Hans Christian Andersen

> A vida de Hans Christian Andersen (tal como registrada por ele e por inúmeros biógrafos) mais parece um conto de fadas do que uma vida real. Nasceu pobre, ficou órfão e desvalido, mas as "fadas do destino" o transformaram em escritor mundialmente querido, traduzido para todas as línguas; acolhido com carinho nos castelos da aristocracia; recebido com honras por Frederico VI,

rei da Dinamarca, e pela Rainha Vitória, da Inglaterra. Na verdade, ele nascera com o dom de transformar a vida, a condição humana, em literatura (COELHO in ANDERSEN, 2011, p. 8).

A vida interior e a vida criativa de Andersen se fundem em uma só vida de imaginação e fantasia. Esta é a impressão que se tem ao se apropriar dos escritos que relatam a biografia do filho de sapateiro com uma lavadeira nascido em Odense, na Dinamarca.

Possivelmente, Andersen foi uma "pessoa que aprendeu que seus sonhos são rica fonte de criatividade", como cita Robbins (1995, p. 118) no contexto da produção criativa e inovação. Andersen (2011) colocou suas incursões oníricas somadas às narrativas do folclore nórdico no papel, dando a elas forma e conteúdo, fato esse validado por Petraglia e Vasconcelos (2009, p. 10), quando apontam números da produção narrativa de Andersen:

> No século XIX, início do Romantismo, o dinamarquês Hans Christian Andersen publica os *Eventyr*,[2] constituído por cento e sessenta e oito contos, com o objetivo de transmitir às crianças os ideais românticos da fé cristã, generosidade e fraternidade humana, e propor-lhes padrões de comportamento compatíveis com esse pensamento.

Norgaard (2007, p. 19), conterrânea de Hans Christian Andersen, lamenta que haja pouco aprofundamento na obra do autor, por justamente ocorrer certo preconceito em relação ao estilo e momento histórico de sua produção:

> Infelizmente, no mundo anglo-americano, a maioria das pessoas não está familiarizada com o estilo profundo de Andersen. Por considerá-lo um autor infantil pitoresco da era vitoriana, os anglo-americanos engavetaram seus contos, privando-se de sua percepção e argúcia.

As fontes de inspiração para Andersen eram muitas. A gênese de sua vida criativa ocorre na mais tenra infância, quando em troca de divertir as funcionárias, colegas de sua avó no asilo onde ela trabalhava, ele ganhava em retribuição muitas e muitas histórias contadas por elas, conforme registro:

---

[2] *Eventyr* significa "conto de fadas" em dinamarquês.

Em sua idade formativa, o jovem Andersen passava horas escutando os contos populares narrados por anciãs na sala de fiar em que sua avó trabalhava, e suas primeiras histórias foram inspiradas nesses contos. As mais belas e complexas, contudo, integram sabedoria popular e sua experiência e imaginação (NORGAARD, 2007, p. 18).

Mas algo de novo acontece dentro de Andersen, para além do simples acesso à memória das histórias ouvidas. Um processo de transformação resultante da "fermentação da matéria arcaica" (COELHO in ANDERSEN, 2011, p. 14) faz com que ele produza algo que extrapola os limites da narrativa convencional. Hans Christian Andersen serve-se de sua vocação de ouvinte atento e escritor zeloso para gerar uma imensa provocação dos sentidos:

> Em cada conto, Andersen insiste numa espécie de dupla corrente: uma corrente superior irônica, que brinca e se diverte com as coisas grandes e pequenas, que joga peteca com o que é elevado ou inferior; e há a subcorrente profunda, que põe tudo em seu devido lugar (TATAR, 2004, p. 348).

Para Alencar e Fleith (2007, p. 123), o talento criativo "está na habilidade do artista em lidar com as estruturas de representação que ele dispõe em sua cultura e época, enriquecendo-a e transformando-a". As circunstâncias que envolveram a vida de Andersen, representando aqui o ambiente das dimensões criativas associado à suas habilidades pessoais, favoreceram o acesso às informações para compor suas histórias. Certamente a sua sensibilidade para a realidade social das pessoas dá um tom ainda mais denso às suas narrativas.

Compreender a confluência de significados presentes em suas obras e devolvê-las ao mundo em forma de algo novo, relevante e criativo, fazem com que se traga Andersen para mais perto dos adultos de hoje, tornando-se algo próximo a uma missão.

QUADRO 14 – SÍNTESE – CORRELAÇÃO ENTRE: ESTRUTURAS DE NARRATIVAS, METÁFORAS E PROCESSO CRIATIVO

Estrutura das narrativas		Metáforas para processo criativo			Etapas do processo criativo
		Torre	Wujec	Sanmartin	Churba
Funções	**Invariantes**	**POMAR**	**COZINHA**	**METAMORFOSE DA BORBOLETA**	**ETAPAS**
Crise	Desequilíbrio transformado em desafio	Terra rica		Ovo	Incógnita para resolver
Aspiração	O desafio é aceito e transformado em desejo		Cultive o apetite Junte os ingredientes	Lagarta Casulo	Informação Incubação
Viagem	Deslocamento para um ambiente estranho	Fotossíntese		Ruptura do casulo	Iluminação
Desafio	Obstáculos aparentemente insuperáveis		Corte	A borboleta seca e se fortalece	Avaliação
Mediação	Forças neutralizam os perigos	Cultivo	Misture Cozinhe Tempere	Voo	Elaboração
Conquista	Conquista o objetivo almejado	Fatores climáticos	Prove Assimile	Interação com a natureza	Realização e verificação

Fonte: Elaborado pela autora.

REFLEXÃO

Observe o Quadro 14. Ele faz uma síntese dos aspectos teóricos abordados até aqui. Imagine agora alguma questão que você queira resolver, seja em sua vida pessoal, seja algum desafio em sua vida profissional. Aí está a principal matéria--prima para a criatividade: a incógnita a ser resolvida. Anote aqui algo que possa estimular a busca de soluções criativas e inovadoras. Depois da leitura do livro, retome esta anotação com um novo fôlego e certamente um processo será iniciado.

SENTIR

Chegamos ao momento do sentir. Momento de manter contato com as emoções e sentimentos. Ler é sentir.

Proponho um mergulho na leitura de narrativas escolhidas para esta obra. Busque dentro de você o significado, o sentido das palavras e das expressões. Permita-se sentir como os textos acessam a sua imaginação.

Coletar histórias é uma atividade paleontológica contínua. [...]
Quanto mais inteiras forem as histórias,
maior será o número de mudanças
e desenvolvimentos da psique a nós apresentados,
e melhor será nossa oportunidade de captar
e evocar o trabalho da alma
(ESTÉS, 1994, p. 32).

A ESCOLHA DAS NARRATIVAS DE HANS CHRISTIAN ANDERSEN

> [...] Os contos de Andersen irão refletir a cotidianidade, em que pese a injustiça social e o egoísmo. Esses contos sinalizam o contexto em que Andersen viveu, num país sob o domínio napoleônico e, ao mesmo tempo, época de exaltação nacionalista e de grande expansão econômica, que refletia o grande fosso entre a riqueza organizada e a pobreza sem perspectivas (PETRAGLIA; VASCONCELOS, 2009, p. 10).

Ler os contos de Andersen é se apropriar de histórias complexas, genuínas e muito criativas, sendo este último item o mais forte critério na escolha desse autor.

As narrativas de Andersen são denominadas por Propp (2010) como contos fabricados, não considerando como contos de fadas propriamente ditos. O máximo que o estruturalista russo admite como conveniente é que sejam tratados como contos míticos.

"O dinamarquês Hans Christian Andersen nem imaginava que em pleno século XXI iríamos ler seus textos, extraindo deles referenciais interessantes ligados às questões de desenvolvimento humano" (MOREIRA, 2009b, p. 93).

Andersen foi um escritor profícuo e suas narrativas permanecem vivas, provocando a imaginação e a fantasia de quem as lê. "[...] tendo escrito mais de cento e cinquenta contos, Andersen foi, sozinho, responsável por um revigoramento do conto de fadas e um alargamento de seus limites para acomodar novos desejos e fantasias" (TATAR, 2004, p. 346).

No Quadro 15, é possível localizar uma pequena seleção de nomes que influenciaram a chegada das narrativas dos contos de fadas até os dias atuais. Entre as quatro descrições sintéticas, note-se que aquela atribuída a Andersen (2011) ressalta o caráter inventivo e criador que permeia sua obra, sendo que os outros três mantêm certa similaridade no que diz respeito à coleta e registro de narrativas folclóricas já existentes em seus respectivos países, que, com todo mérito, atuaram mais como compiladores e organizadores de textos.

QUADRO 15 – SELEÇÃO DE AUTORES DE NARRATIVAS INFANTIS

Jacob Grimm (1785-1863) Wilhelm Grimm (1786-1859)	Os dois irmãos mantiveram cumplicidade científica e estreita colaboração no recolhimento e compilação de contos populares de regiões da Alemanha, como um arquivo cultural do folclore alemão. São unanimemente considerados os fundadores da filologia germânica.
Joseph Jacobs (1854-1916)	Folclorista e historiador nascido na Austrália, que, após voltar sua energia para o folclore da Índia e do Oriente Próximo, deu início a uma série de coletâneas de contos de fadas destinadas a recuperar o legado folclórico britânico.
Charles Perrault (1628-1703)	Foi um intermediário inspirado entre a cultura camponesa adulta de narrativa de histórias e as histórias infantis contadas para os filhos de aristocratas franceses. Incorporou aos contos mensagens sobre moralidade, comportamento e valores.
Hans Christian Andersen (1805-1875)	Diferentemente de Perrault e dos Grimm, Andersen reivindicava a autoria de histórias que contava. Filho de uma lavadeira e de um sapateiro, nascido em Odense, na Dinamarca, teve seu primeiro contato com contos populares dinamarqueses no quarto de fiar do asilo em que sua avó trabalhava. O menino entretinha com desenhos a giz as mulheres que lá trabalhavam e elas retribuíam contando histórias. Se a imaginação folclórica está orientada para o romance, o casamento, o poder, a fortuna, os contos literários de Andersen são mais íntimos e pessoais, centrando-se no comportamento humano.

Fonte: Tatar (2004, p. 344-356).

Os contos despertam conteúdos inconscientes que podem auxiliar a liberação criativa de forma bastante interessante. A narrativa desperta a criatividade de quem lê e é, concomitantemente, criativa em sua origem, já que a vida interior de quem produz um texto é fonte cristalina para o nascimento de ideias. As narrativas de H. C. Andersen são assim: geram algum tipo de provocação em quem se dispõe a fazer nelas um mergulho. Freud (1908/1976, p. 143) já mencionava em suas obras a importância dos escritores criativos e mobilizadores dos sentidos, como Andersen: "[...] todo prazer criativo que o escritor criativo nos proporciona é da mesma natureza desse prazer preliminar, e a verdadeira satisfação que usufruímos de uma obra literária procede de uma libertação de tensões em nossas mentes".

Resgatar e conhecer os contos desse dinamarquês trata-se de um exercício de cuidadosa paleontologia. A leitura, a seleção e a escolha dos quatro contos selecionados para este livro foram feitas com muito cuidado.

A maestria de Andersen em colocar as palavras certas nos contextos apropriados garante uma peculiar dinâmica em sua leitura. As imagens que ele evoca e os lugares para onde ele leva, não somente os personagens, mas principalmente o leitor, materializam um convite irrecusável para a descoberta de novos mundos.

> Os contos de fadas são formados como imagens de um caleidoscópio, o que muda são as posições dos elementos. Certos arranjos particularmente felizes por equilíbrio, beleza e força cristalizam e formam algumas dessas narrativas que hoje conhecemos como as nossas histórias clássicas (CORSO; CORSO, 2006, p. 28).

Tomar uma decisão não é um processo simples. Mas eis que se chega a uma escolha. Dentre as dezenas de contos de Hans Christian Andersen, optou-se por quatro que tiveram a missão de provocar os sentidos e gerar incontáveis possibilidades de reflexão.

O Rouxinol

Conto escrito por Hans Christian Andersen em 1843. Descreve a passagem em que um rei lê sobre a existência de um pássaro em seu reino, desconhecido por ele. Muito enérgico, o rei ordena imediatamente que localizem o pássaro cujo canto inebria os ouvintes. Vendo-se obrigado a seguir até o palácio, o rouxinol localizado encanta a todos, colocando o seu talento genuíno a serviço do reino. Mas o surgimento de um pássaro artificial dado de presente ao rei muda o foco das atenções. O rouxinol verdadeiro alça voo de volta à floresta, onde retoma a sua liberdade, no ambiente que lhe é mais agradável. Retorna ao reino somente ao final do conto, quando percebe que o rei precisa de alegria para superar um problema de saúde.

O Pinheirinho

Hans Christian Andersen escreveu este conto em dezembro de 1844. Trata-se de uma narrativa sem o final feliz clássico dos contos infantis. O Pinheiro sucumbe na fogueira após ter servido de árvore de Natal na casa de uma família. Esse final trágico conclui a saga do Pinheiro em sua constante insatisfação, ora querendo ser a mais alta das árvores, ora desejando ser mastro de navio. Há no personagem uma ávida busca por novas experiências. No início da narrativa, fica nítida a insatisfação do Pinheirinho, quando nem o brilho do sol o alegrava.

O Traje Novo do Imperador

Em 1837, Andersen produz esta espirituosa narrativa inspirada em uma história espanhola escrita por Don Juan Manuel, no século XIV. Dado o contexto histórico desse conto, na época medieval, pouco importava o mérito, mas sim a origem das pessoas. Na narrativa, o autor coloca o imperador nas mãos de forasteiros que criam uma situação de ilusão em relação à vestimenta do rei vaidoso, o que põe em evidência justamente a sua humanidade diante dos súditos.

O Patinho Feio

Esta é a mais famosa narrativa de Andersen, datada de 1843. É considerado um conto autobiográfico. É um de seus textos mais intensos. A narrativa descreve o longo percurso de um cisne que se encontra num ninho errado, tendo sido chocado por uma pata. O caminho percorrido pelo até então pato, ao longo do conto, retrata o sofrimento e a dor do personagem. O final delicado e ao mesmo tempo forte apresenta o encontro com outros cisnes.

É necessário trazer os contos de Hans Christian Andersen para mais perto das pessoas e do ambiente organizacional, tendo uma preocupação em auxiliar os profissionais a um encontro com si mesmos por meio dessas narrativas.

"Na obra de Andersen, encontramos muitas vezes personagens que são *alter egos* do autor, figuras que refletem as ansiedades, fantasias e lutas pessoais do jovem proletário que alcançou a aristocracia literária da Dinamarca" (TATAR, 2004, p. 346).

Para os que estão mais abertos ao processo de autoconhecimento, pode-se, à luz de um conto, olhar para a vida de outro jeito, não apenas dando resoluções categóricas para os dilemas, mas, sobretudo, encontrando caminhos e estratégias para novas revelações em relação à sua autoimagem e às descobertas criativas.

Que tal ler esses contos e também apreciar as ilustrações que antecedem cada um deles? Então encontre um local silencioso e leia calmamente, ou, se preferir, leia o conto para alguém e perceba o que isso pode suscitar em você e na pessoa. As ilustrações possuem detalhes muito sutis... descubra cada um deles.

Vamos lá!

COMO LER OS CONTOS

- Encontre um lugar especial.
- Leia atentamente para você e quem sabe para outras pessoas.
- Descubra os personagens de cada texto.
- Tente compreender o que a narrativa mobiliza em você.
- Faça perguntas para você mesmo sobre o que leu.
- Verifique os aspectos que o incomodaram durante a leitura.
- Cheque o que suscita em você alguma ideia.
- Perceba que mudanças você poderá fazer em sua forma de ver o mundo.
- Registre suas impressões sobre o conto.
- Registre comportamentos que pretende aprimorar.

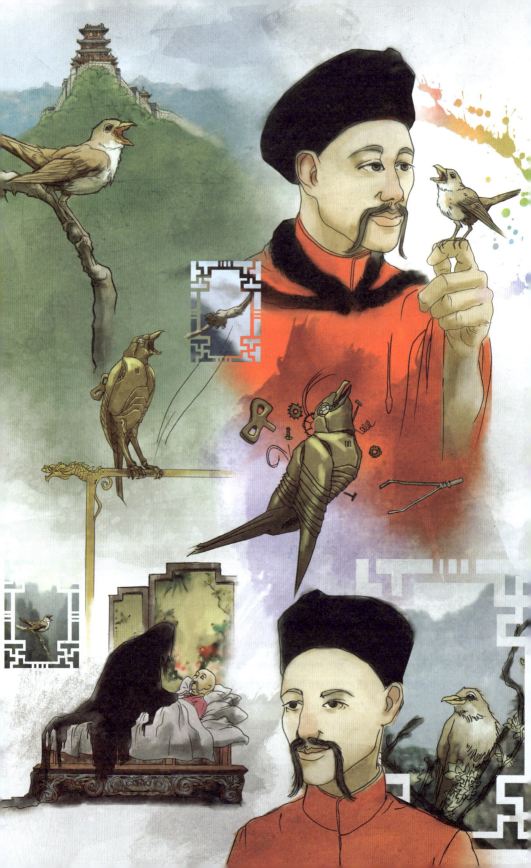

O Rouxinol (1843)

Na China, como sabemos, o imperador é chinês e todos quantos tem à sua volta são chineses. Já lá vão muitos anos, mas precisamente por isso vale a pena ouvir a história antes que seja esquecida! O palácio do imperador era o mais suntuoso do mundo, totalmente feito de porcelana fina, tão precioso, mas tão frágil, tão incômodo, que, se se lhe tocava, era preciso verdadeiramente prestar atenção. No jardim, viam-se as flores mais estranhas e nas mais bonitas de todas estavam atadas campainhas de prata que tiniam, para que não se passasse por ali sem que se desse por elas. Sim, tudo era muito fino no jardim do imperador, que se estendia até tão longe que o próprio jardineiro não lhe conhecia o fim. Se se continuava a andar, entrava-se no mais belo bosque, com árvores altas e lagos fundos.

O bosque descia diretamente para o mar, que era azul e de grande profundidade. Navios grandes podiam navegar diretamente para dentro, sob os ramos das árvores, e no bosque vivia um rouxinol que cantava tão maravilhosamente que até mesmo o pescador pobre, que tanta coisa tinha para cuidar, ficava parado escutando quando, de noite, andava fora a lançar a rede de pesca e ouvia, então, o rouxinol.

– Santo Deus, como é bonito! – dizia ele, mas depois tinha de tratar das suas coisas e esquecia o pássaro. Contudo, na noite seguinte, quando o rouxinol voltava a cantar e o pescador estava por ali, este dizia o mesmo: – Santo Deus! Como é bonito!

De todos os países do mundo vinham viajantes até a cidade do imperador e a admiravam, bem como ao palácio e ao jardim, mas, quando conseguiam ouvir o rouxinol, todos diziam: – É, na verdade, o melhor de tudo!

E os viajantes disso falavam quando regressavam à casa, e os eruditos escreveram muitos livros sobre a cidade, o palácio e o jardim, e do rouxinol não se esqueceram, que era posto acima de tudo. E aqueles que sabiam fazer poesia escreveram as poesias mais belas, todas sobre o rouxinol no bosque junto ao lago fundo.

Os livros deram a volta ao mundo e alguns deles foram, um dia, parar também nas mãos do imperador, que se sentou na sua cadeira de ouro, leu e releu, acenando a todo momento com a cabeça, pois agradava-lhe tomar conhecimento das belas descrições da cidade, do palácio e do jardim. "Mas o rouxinol é, sem dúvida, o melhor de tudo", estava escrito lá.

– Quê? – disse o imperador. – O rouxinol! Nada sei disso! Há um tal pássaro aqui no meu império, ainda por cima no meu jardim! Nunca ouvi falar nisso! Ter de vir a ler tal coisa!

Chamou por seu *cavalier*, que era tão fino que, quando alguém, sendo inferior a ele, ousava falar-lhe ou perguntar-lhe algo, não lhe respondia outra coisa senão "P!", e isso nada queria dizer.

– Aqui deve haver um pássaro altamente notável que se chama rouxinol! – disse o imperador. – Diz-se que é melhor de tudo no meu império! Por que nunca me disseram nada sobre isso?

– Nunca ouvi falar nele – disse o cavaleiro de ordens. – Nunca foi apresentado na corte!

– Quero que venha aqui hoje à noite cantar para mim! – disse o imperador. – Todo mundo sabe o que tenho e eu não sei!

– Nunca ouvi antes falar nele! – disse o cavaleiro de ordens. – Vou procurá-lo, hei de encontrá-lo.

Mas onde haveria de encontrá-lo? O cavaleiro de ordens subiu e desceu por todas as escadas, correu por salas e corredores; nenhuma de todas as pessoas que ele encontrou tinha ouvido falar do rouxinol, e o cavaleiro de ordens voltou correndo para o imperador e disse que certamente devia ser uma fábula daqueles que escrevem livros.

– Vossa Majestade Imperial não deve crer em tudo o que se escreve! São invenções!

– Mas o livro onde li isso – disse o imperador – foi-me enviado pelo Muito Poderoso Imperador do Japão, portanto, não pode ser falso. Quero ouvir o rouxinol! Tem de estar aqui hoje à noite! Tem a minha mais alta graça! Se não vier, toda a corte levará palmadas na barriga após ter comido a ceia.

O cavaleiro de ordens voltou a correr para cima e para baixo, por todas as escadas, salas e corredores. E meia corte correu com ele, pois não tinha vontade de levar palmadas na barriga. Era um perguntar por toda parte pelo rouxinol célebre que todo mundo conhecia, mas ninguém na corte.

Finalmente, encontraram uma pobre garotinha na cozinha, que disse:

– Oh! Deus! O rouxinol! Conheço-o bem! Sim, como sabe cantar! Todas as noites, tenho permissão para levar um pouco de restos da mesa para casa, para a minha pobre mãe doente, que vive lá embaixo, perto da praia. Quando regresso, estou cansada e descanso no bosque, e ouço, então, o rouxinol cantar, e vêm-me as lágrimas aos olhos. É como se minha mãe me beijasse!

– Mocinha da cozinha! – disse o cavaleiro de ordens. – Arranjar-lhe-ei lugar certo na cozinha e permissão para ver o imperador comer se souber levar-nos ao rouxinol, pois está convocado para hoje à noite!

Assim, precipitaram-se todos para fora, para o bosque onde o rouxinol costumava cantar. Estava com eles meia corte. Iam bem, até que uma vaca começou a mugir.

– Oh! – disseram os pajens da corte. – Temo-lo agora! Há realmente um vigor extraordinário num animal tão pequeno. Já o ouvi com certeza antes!

– Não, são vacas que mugem! – disse a garotinha da cozinha. – Ainda estamos longe do lugar.

Coaxaram as rãs no charco.

– Maravilhoso! – disse o deão do palácio chinês. – Ouço-o agora, é como sininhos de igreja.

– Não, são rãs – disse a garotinha da cozinha. – Mas penso que em breve vamos ouvi-lo.

O rouxinol começou a cantar.

– É ele – disse a garotinha. – Ouçam! Ouçam! Ali está ele! – e apontou para um passarinho cinzento, em cima, nos ramos.

– É possível! – disse o cavaleiro de ordens. – Assim nunca o tinha imaginado! Como parece vulgar! Certamente perdeu a cor ao ver tanta gente distinta perto dele.

– Rouxinolzinho! – gritou a garotinha da cozinha, bem alto. – O Nosso Gracioso Imperador muito gostaria que cantasse para ele.

– Com o maior prazer! – disse o rouxinol, e cantou que era um gosto ouvi-lo.

– É como campainhas de cristal! – disse o cavaleiro de ordens. – E vejam que gargantinha, como se serve dela! É estranho que nunca tenhamos ouvido falar dele antes! Fará um grande sucesso na corte!

– Devo cantar ainda mais uma vez para o imperador? – perguntou o rouxinol, que julgava que o imperador os acompanhava.

– Meu excelente rouxinolzinho! – disse o cavaleiro de ordens. – Tenho a grande alegria de convidar-vos para uma festa na corte esta noite, onde encantareis Sua Graça Imperial com o vosso canto fascinante.

– Melhor seria no verde! – disse o rouxinol, mas acompanhou-os de bom grado, quando ouviu dizer que o imperador assim o queria.

No palácio, tudo foi posto devidamente a luzir. Paredes e assoalhos, que eram de porcelana, brilhavam com muitos milhares de lamparinas de ouro. As flores mais bonitas que podiam verdadeiramente tinir foram alinhadas nos corredores. Era uma corrida e uma corrente de ar, mas precisamente por isso soavam todas as campainhas, sendo impossível as pessoas se entenderem.

Entrementes, dentro da sala grande onde estava sentado o imperador, fora colocado um poleiro de ouro e nele devia o rouxinol pousar. Toda a corte se encontrava ali e a garotinha da cozinha tinha recebido a permissão para ficar atrás da porta, pois agora possuía o título de moça da cozinha efetiva. Todos vestiam as suas maiores galas e todos olhavam para o passarinho cinzento, para o qual o imperador acenou.

E o rouxinol cantou tão bem que vieram as lágrimas aos olhos do imperador, correram-lhe faces abaixo, e quando o rouxinol cantou ainda melhor, o seu canto foi-lhe diretamente para o coração. E o imperador ficou muito contente e disse que o rouxinol iria receber as suas chinelas de ouro para trazer ao pescoço. Mas o rouxinol agradeceu, já tinha recebido recompensa suficiente.

– Ver lágrimas nos olhos do imperador é para mim o mais rico tesouro. As lágrimas do imperador têm um poder maravilhoso! Deus sabe que estou suficientemente recompensado! – e cantou de novo com a sua voz doce, abençoada.

Realmente, o rouxinol fez bastante sucesso!

Ficaria agora na corte, teria a sua própria gaiola, bem como a liberdade de passear fora dela duas vezes por dia e uma vez de noite. Recebeu também doze criados; tinham todos uma fita de seda ligada à volta da perna do rouxinol e seguravam-na bem firme. Não era nenhum prazer esses passeios!

Toda a cidade falava do pássaro célebre e, se duas pessoas se encontravam, outra coisa não diziam uma à outra, a não ser: "Rouxi" e a outra:

"nol", e depois suspiravam e entendiam-se uma com a outra. Até onze filhos de um vendeiro receberam o nome do pássaro, mas nenhum deles deu tom que se assinalasse em vida.

Um dia, chegou uma grande encomenda para o imperador, por fora estava escrito: "Rouxinol".

– Temos um novo livro sobre o nosso pássaro célebre! – disse o imperador. Mas não era livro algum, era uma pequena obra de arte que estava dentro de uma caixa, um rouxinol artificial, que imitaria o vivo, mas que estava por toda parte guarnecido com diamantes, rubis e safiras. Logo que se dava corda ao pássaro artificial, este podia cantar uma das peças que o verdadeiro cantava, movendo para cima e para baixo a cauda, que brilhava com prata e ouro. No pescoço, estava suspensa uma pequena fita e nela estava escrito: "O rouxinol do imperador do Japão é pobre perante o do imperador da China".

– É maravilhoso! – disseram todos, e aquele que trouxe o pássaro artificial recebeu imediatamente o título de Portador-Mor do Rouxinol Imperial.

– Agora têm de cantar juntos! Como será um dueto?

Assim, tiveram de cantar juntos, mas não deu certo, pois o rouxinol genuíno cantava à sua maneira e o pássaro artificial funcionava com rolos.

– Não tem culpa alguma! – disse o mestre de música. – Mantém especialmente a cadência, e é inteiramente da minha escola!

Desse modo, o pássaro artificial teve de cantar sozinho. Fez tanto sucesso como o verdadeiro e, além disso, era também muito mais agradável de ver, pois brilhava como pulseiras e alfinetes de gravata.

Trinta e três vezes cantou uma e a mesma peça e não ficou cansado. As pessoas teriam continuado a ouvi-lo, mas o imperador foi de opinião que o rouxinol vivo devia cantar um pouco também... Mas onde ele estava? Ninguém havia notado que voara para fora pela janela aberta, para o seu bosque verde.

– Mas que é isso! – disse o imperador, e todos os cortesãos censuraram o rouxinol e disseram que era um animal altamente ingrato.

– O pássaro melhor temos nós, contudo! – disseram, e assim teve de voltar a cantar o pássaro artificial, e foi a trigésima quarta vez que ouviram a mesma peça, mas não a conheciam ainda inteiramente, pois era muito difícil, e o mestre de música louvou extraordinariamente o pássaro. Sim, assegurou que era melhor do que o pássaro verdadeiro, não só no que dizia respeito ao vestuário e aos muitos belos diamantes, mas também por dentro.

– Pois vede, minhas senhoras, o imperador acima de todos! No pássaro verdadeiro nunca se pode contar com o que vai vir, mas no pássaro artificial está tudo fixado! Assim é e não de outro modo! Pode-se dar conta dele, pode-se desmontar e mostrar o engenho humano, onde estão os rolos, como funcionam, como se seguem uns aos outros...

– É exatamente o que penso! – disseram todos, e o mestre de música recebeu autorização para no domingo seguinte apresentar o pássaro ao povo.

– Também deviam ouvi-lo cantar – disse o imperador. E ouviram-no, e ficaram tão encantados como se se tivessem embriagado alegremente com chá, pois isso é perfeitamente chinês, e todos disseram "oh!", e puseram no ar o dedo que se chama indicador, acenando com a cabeça. Mas o pescador pobre que ouvira o rouxinol verdadeiro disse:

– Soa bastante bem, parece-me também, mas falta-lhe algo, não sei o quê!

O rouxinol verdadeiro foi banido do país e do império.

O pássaro artificial teve o seu lugar numa almofada de seda bem junto do leito do imperador. Todos os presentes que recebera, ouro e pedras preciosas, encontravam-se à volta dele e, em título, tinha ascendido a Cantor de Mesa de Cabeceira de Sua Alteza Imperial, em categoria Número Um do lado esquerdo, pois o imperador contava esse lado como sendo o mais distinto, onde está o coração, e o coração está à esquerda, também num imperador. E o mestre de música escreveu sobre o pássaro artificial vinte e cinco volumes que eram muito eruditos e muito longos e com as palavras chinesas mais difíceis, de modo que todas as pessoas diziam que os tinham lido e compreendido, caso contrário teriam sido consideradas estúpidas e teriam levado palmadas na barriga.

Assim se passou todo um ano. O imperador, a corte e todos os outros chineses conheciam de cor o pequeno cacarejo do canto do pássaro artificial, mas precisamente por essa razão parecia-lhes que isso era o melhor, podiam cantar em grupo, e o faziam. Os rapazes na rua cantavam

"Tzitzitzi! Cluquecluquecluque!", e cantava também o imperador... Sim, era certamente encantador!

Mas uma noite, quando melhor cantava o pássaro artificial e o imperador estava na cama escutando-o, ouviu-se um "sssvepe!" dentro do pássaro, algo saltou, "zurrrrrr...e!", todas as rodas andaram à volta e a música parou.

O imperador saltou imediatamente da cama e mandou chamar o seu médico assistente, mas que podia fazer? Mandou chamar o relojoeiro, que, depois de muito falar e de muito mirar, conseguiu reparar mais ou menos o pássaro, mas disse que se devia poupá-lo bastante, pois estava muito gasto nas espigas e não era possível colocar novas, de modo que dessem um tempo para a música. Foi um grande desgosto! Só uma vez por ano se ousava pôr o pássaro artificial a cantar, e mesmo assim com bastante cuidado. Então, o mestre de música fazia um pequeno discurso com palavras difíceis e afirmava que era tão bom como antes, e assim era tão bom como antes.

Passaram-se cinco anos e todo o país teve um desgosto verdadeiramente grande, pois, no fundo, todos gostavam do seu imperador. Estava agora doente e não ia viver muito tempo, dizia-se. Um novo imperador já havia sido escolhido e o povo parava o cavaleiro de ordens na rua para perguntar pelo imperador.

– "P!" – dizia ele, sacudindo a cabeça.

Frio e pálido jazia o imperador no seu leito grande e suntuoso, toda a corte o julgava morto, e um por um os cortesãos se apressaram a saudar o novo imperador. Os criados correram para fora para falar disso, e as criadas do palácio faziam grandes reuniões para beber café! Nas salas e corredores, tinham posto panos, para que não se ouvisse alguém andar, por isso estava tudo muito silencioso, muito silencioso. Mas o imperador ainda não estava morto. Rígido e pálido, jazia no leito suntuoso com longos cortinados de veludo e borlas de ouro pesadas. Em cima, havia uma janela aberta, e a lua projetava o seu brilho sobre o imperador e o pássaro artificial.

O pobre imperador quase não podia tomar ar, era como se houvesse algo sobre o peito. Abriu os olhos e viu, então, que era a Morte que estava sentada no peito. Tinha-lhe a coroa de ouro na cabeça. Uma mão segurava a espada de ouro, a outra mão segurava o magnífico estandarte do imperador. E à volta, nas pregas dos grandes cortinados de veludo do leito, espreitavam cabeças estranhas, umas muito feias, outras maravilhosamente doces. Eram todas as ações más e boas do imperador que olhavam para ele, agora que a Morte estava sentada sobre o coração dele.

– Lembras-te disto? – sussurrava uma após outra. – Lembras-te disto? – e depois lhe contavam tanta coisa que o suor lhe escorria pela testa.

– Não o sabia! – dizia o imperador. – Música, música, o tambor grande chinês! – gritava ele. – Para não ouvir tudo o que dizem!

E elas continuavam, e a Morte acenava com a cabeça, à moda chinesa, a tudo o que diziam.

– Música! Música! – gritou o imperador. – Passarinho maravilhoso de ouro! Canta, canta! Dei-te ouro e preciosidades, eu mesmo te pendurei as minhas chinelas de ouro no pescoço, canta, canta!

Mas o pássaro ficou imóvel, não havia ninguém para dar-lhe corda e, sendo assim, não cantava. Mas a Morte continuava a olhar para o imperador com as suas grandes órbitas vazias, e tudo era silêncio, um silêncio terrível.

Soou, no mesmo instante, bem junto à janela, o mais belo canto que jamais se ouvira. Era o rouxinolzinho vivo, que estava pousado nos ramos lá fora. Tinha ouvido falar da agonia do seu imperador e viera para cantar-lhe consolo e esperança. À medida que cantava, ficavam as visões cada vez mais pálidas, o sangue corria cada vez mais rápido nos fracos membros do imperador e a própria Morte escutava e dizia:

– Continua, rouxinolzinho, continua!

– Sim, quero que me dês a magnífica espada de ouro! Sim, queres dar-me o rico estandarte? Queres dar-me a coroa do imperador?

E a Morte dava de cada vez um desses tesouros por um canto, e o rouxinol continuava a cantar, e cantou o canto do cemitério tranquilo, onde cresciam as rosas brancas, onde o sabugueiro perfumava o ar e onde a erva fresca era regada pelas lágrimas dos sobreviventes. Então, a Morte sentiu saudade do seu jardim e deslizou como uma névoa fria e branca janela afora.

– Obrigado! Obrigado! – disse o imperador. – Passarinho celestial, conheço-te bem! A ti eu bani do meu país e império! Contudo, cantaste para afastar as visões feias do meu leito, tiraste a Morte do meu coração! Como posso recompensar-te?

– Já me recompensaste! – disse o rouxinol. – Tive lágrimas dos teus olhos, a primeira vez que cantei, isso não esqueço nunca! São joias que fazem bem ao coração de um cantor. Mas dorme agora e recompõe-te e fortalece-te! Vou cantar para ti!

E cantou... e o imperador caiu num sono. Suave e repousante foi o seu sono!

O sol brilhava pelas janelas até ele, quando acordou fortalecido e são. Nenhum dos seus servidores voltara ainda, pois criam que estava morto, mas o rouxinol continuava cantando.

– Tens de ficar sempre comigo! – disse o imperador. – Podes cantar quando quiseres. Quanto ao pássaro artificial... parto-o em mil pedaços.

– Não faças isso! – disse o rouxinol. – Ele fez tudo o que pôde. Guarda-o para sempre! Não posso instalar-me e morar no palácio, mas deixa-me vir quando eu mesmo tiver vontade. Então, pousarei à noite nos ramos ali junto à janela e cantarei para ti, para que tu possas alegrar-te e pensar. Cantarei sobre a gente feliz e sobre aqueles que sofrem. Cantarei sobre o mal e o bem que à tua volta se mantêm ocultos. O passarinho cantor voa longe, até o pescador pobre, até o telhado da cabana do camponês, a toda parte longe de ti e da tua corte. Gosto mais do teu coração do que da tua coroa, contudo, a coroa tem um perfume de algo sagrado em si... Volto, canto para ti... Mas uma coisa tens de prometer-me.

– Tudo – disse o imperador, que já estava de pé no seu traje imperial, que ele próprio havia vestido, erguendo a espada pesada, pesada de ouro, junto ao coração.

– Uma coisa te peço. Não digas a ninguém que tens um passarinho que te conta tudo. Será melhor assim.

Então, o rouxinol voou para longe.

Os criados entraram para ver o seu imperador morto, e ficaram olhando, e o imperador disse:

– Bom-dia!

Fonte: Andersen (2011, p. 176-185).

O Pinheirinho (1844)

Havia lá na floresta um lindo pinheirinho, plantado em um bom sítio, onde podia tomar sol e respirar ar puro. Ao seu redor postavam inúmeras outras companhias bem mais altas, tanto pinheiros quanto pinheirinhos. Porém, o pequeno pinheirinho não via a hora de crescer, tamanha sua impaciência. Não admirava o calor do sol nem o frescor do ar, tampouco se importava com os filhos dos fazendeiros que passavam o tempo por ali, tagarelando infantilmente, enquanto colhiam morangos e framboesas. Muitas vezes, chegavam ali com uma gamela até a boca das frutas recolhidas ou com os morangos enfileirados numa palha, sentavam-se pertinho do pinheirinho e diziam:

– Ah, como é linda esta pequenina árvore!

Mas de modo algum o pinheirinho queria ouvir isso.

No ano seguinte, o tronco do pinheirinho já havia crescido bem alto; e no ano seguinte a este estava ainda mais alto. Nos pinheirinhos, sempre é possível observar sua idade contando o número de círculos no tronco.

– Ah, se eu pudesse ser tão alto quanto as demais – suspirava o pequenino pinheirinho. – Poderia então espalhar meus ramos ao redor e do topo admirar bem longe esse vasto mundo! Os pássaros fariam ninhos nos meus ramos, e quando o vento soprasse, poderia me inclinar e balançar com dignidade, exatamente como as outras árvores por aí.

O pinheirinho não sentia o menor prazer pelo brilho do sol, pelos pássaros ou pelas nuvens vermelhas que às manhãs e ao entardecer flutuavam bem alto no céu.

No inverno, quando a neve branco-cintilante caía por toda parte, uma pequena lebre sempre se aproximava, transpondo de um pulo o pequenino pinheirinho. Ah, isso sim o incomodava! Porém, dois invernos se passaram e, por volta do terceiro, o pinheirinho já estava tão grande que a lebre já não podia saltá-lo, mas circundá-lo.

– Ah, crescer, crescer, para me tornar alto e poder contar com os anos. Não há nada mais agradável neste mundo – pensava o pinheirinho.

No outono, os lenhadores vinham para abater algumas das árvores mais altas. Vinham todos os anos. O jovem pinheirinho, que por essa época já estava bem crescido, estremecia quando isso ocorria, pois as enormes e majestosas árvores caíam estrondosamente ao chão, dando um gemido. Os galhos eram então cortados, fazendo-as parecer quase nuas e muito longas e esguias. Mal se podia reconhecê-las. Depois, eram colocadas nas carroças puxadas por cavalos e retiradas da floresta.

Aonde estão indo? Que destino as espera?

Na primavera, quando se aproximaram a andorinha e a cegonha, o jovem pinheirinho lhes perguntou:

– Sabem para onde são levadas essas árvores? Tiveram já oportunidade de vê-las por aí?

As andorinhas nada sabiam, mas a cegonha, um tanto contemplativa, meneou a cabeça e disse:

– Sim, acho que sei. Quando voltava do Egito, cruzei com vários barcos novos cujos mastros eram magníficos. Ouso dizer que eram eles, pois exalavam o cheiro de pinheiro; pediram-me que lhe mandasse lembranças. Ficam tão altivos os mastros, elevando a cabeça para bem alto!

– Ah, se ao menos fosse alto o bastante para arvorar e flutuar pelo oceano! Mas nem mesmo sei o que é, nem como se parece!

– Bom, é muito difícil explicar – disse a cegonha, afastando-se.

– Regozije-se de ser jovem – disseram os raios do sol. – Regozije-se de seu vigor e vivacidade, da juventude que há em você.

E o vento o tocava levemente, a movimentá-lo, e o orvalho vertia sua lágrimas sobre ele, mas nada alcançava a compreensão do jovem pinheirinho.

Quando se aproximava o Natal, algumas árvores muito jovens eram abatidas, mesmo aquelas que nem sequer haviam atingido o tamanho e a idade do jovem pinheirinho. E ele então não conseguia conter sua inquietação. Tudo o que desejava era partir. As árvores jovens abatidas naquele dia eram as mais belas. Foram então colocadas nas carroças ainda com todos os ramos e puxadas com dificuldade pelos cavalos para fora da floresta.

– Para onde irão? – perguntou o pinheirinho. – Não são nem maiores do que eu. Uma é até bem menor. Por que seus ramos têm de ser mantidos? Para onde irão?

– Nós sabemos! Nós sabemos! – pipilaram os pardais. – Lá na cidade, espiamos pela janela. Então, sabemos para onde vão! Ah, você não pode imaginar o enaltecimento e a glória que elas recebem! Através da janela, vimos que elas são colocadas no meio de uma aconchegante sala e decoradas com os mais encantadores objetos: maçãs douradas, bolinhos de mel, brinquedos e centenas e centenas de velas!

– E depois? – perguntou o pinheirinho, tremendo todos os ramos. – E depois? O que acontece depois?

– Bom, não vimos mais do que isso, mas isso já era deveras magnificente!

– Fico me perguntando se também estaria predestinado a uma jornada de tamanho esplendor! – clamou o pinheirinho, regozijando-se. – É ainda melhor que cruzar o oceano. Como sofro por ansiar! Se ao menos já fosse Natal! Já estou tão alto e frondoso quanto as outras que foram levadas no ano passado. Ah, se ao menos já estivesse dentro da carroça, se ao menos já estivesse numa aconchegante sala, com todas as glórias e todo o esplendor! Mas e depois? Bom, depois algo ainda melhor tem de acontecer, algo ainda mais belo. Do contrário, por que me decorariam dessa maneira? Algo ainda mais notável, ainda mais magnificente tem de acontecer. Mas o que seria? Ah, quanto sofrimento! Quanta ânsia! Nem mesmo sei o que se passa comigo.

– Desfrute-nos – disseram o ar e a luz do sol. – Desfrute sua inocente juventude a céu aberto.

Todavia, o pinheirinho não se impressionava absolutamente com nada. Crescia e crescia. Passava inverno, passava verão. E lá estava ele. Verde. Verde-escuro. As pessoas que o viam, diziam: "Que bela árvore é esta". E então, às vésperas do Natal, foi o primeiro a ser abatido. O machado cravou fundo em sua polpa. E o pinheirinho caiu ao chão com um suspiro, sentindo dor, sentindo-se desfalecer, completamente vazio, sem nenhum pensamento de felicidade. Estava realmente triste de deixar sua terra, justo o lugar em que crescera, porque sabia que nunca mais veria seus velhos e queridos amigos, os arbustos menores e as flores que cresciam ao redor, e talvez tampouco os pássaros. Sua partida não era nem um pouco prazerosa.

O pinheirinho não prestou atenção a nada mais, até chegar a um pátio, onde foi então descarregado com as outras árvores.

– Esta aqui é magnífica! – disse o homem. – Não queremos outra árvore, senão esta!

Aproximaram-se dois criados vestidos finamente de libré, carregando o pinheirinho para uma agradável e espaçosa sala. Em todas as paredes viam-se quadros dependurados e, junto a uma estufa de azulejos, havia dois grandes e magníficos vasos chineses com leões na tampa. Havia cadeiras de balanço, sofá de seda, grandes mesas com pilhas de álbuns ilustrados e brinquedos que valiam cem vezes cem dinheiros – pelo menos era isso que diziam as crianças. O pinheirinho foi colocado em um pequeno barril cheio de areia para apoiá-lo. Todavia, ninguém poderia notar que era um barril, pois o haviam coberto com um pano verde. E lá ficou ele, sobre um enorme tapete colorido. Ah, e como tremelicava! O que viria a seguir? Então, ambos os criados e as senhoritas começaram a circundá-lo, colocando sobre ele inúmeros adornos. Em um ramo, dependuravam pequenas redes de papel colorido, todas com doces dentro; as maçãs douradas e as nozes pendiam como se tivessem crescido naquela árvore; e aos ramos foram presas mais de uma centena de velas, entre vermelhas, azuis e brancas. Bonecas que pareciam seres humanos – o pinheirinho nunca havia visto nada igual – foram dependuradas entre a folhagem; e bem no alto colocaram uma grande estrela de ouropel. O pinheirinho estava mesmo esplêndido, absoluta e incomparavelmente esplêndido.

– Esta noite – diziam todos —, esta noite, sim, ele vai brilhar!

– Ah – pensou o pinheirinho –, quisera que já fosse noite! Se ao menos as velas fossem acesas mais cedo! Mas, depois, o que virá depois? Fico me perguntando... Será que as árvores da floresta virão me ver? Será que os pardais pousarão à janela? E eu, será que me enraizarei aqui e permanecerei decorado tanto no inverno quanto no verão?

É, pouco sabia o pinheirinho. Todavia, sua ânsia era tamanha que teve uma terrível dor de casca, e a dor de casca é tão ruim para uma árvore quanto um dor de cabeça para o resto de nós.

Por fim, as velas foram acessas. Quanto fulgor, quanta magnificência, estremecia-se o pinheirinho, balançando todos os ramos. Até que uma das velas acabou incendiando a folhagem. E o fogo ardeu como uma ferroada!

– Meu Deus! – clamaram as senhoritas, apagando o fogo rapidamente.

Nesse momento, o pinheirinho nem ousava tremer. Ah, foi horrível! Temia ter perdido alguns dos ornamentos; ficara muito atordoado com todo aquele brilho. E nesse instante abriram-se ambas as folhas da grande porta. Um bando de crianças entrou em disparada, como se fosse derrubar a árvore. Seguiam-se a elas os parentes mais ajuizados. Os menores puseram-se em silêncio, mas apenas por algum momento. Em seguida, tornaram a ressoar ruidosamente seus gritos de alegria. Dando-se as mãos, todos dançaram ao redor da árvore. Depois, foram pegando os presentes, um após o outro.

– O que eles estão fazendo? – pensou o pinheirinho. – O que vai acontecer agora?

As velas se consumiam até bem próximo dos ramos e, à medida que se consumiam, eram então apagadas; depois de apagadas, as crianças recebiam permissão para pegar os doces da árvore. Ah, elas investiam com tanta força que todos os ramos suspiravam; se o topo não tivesse sido amarrado ao teto, a árvore teria se esfacelado no chão.

As crianças dançavam pela sala com seus brinquedos magníficos. Ninguém olhou para o pinheirinho, exceto uma velha enfermeira, que ficou andando em volta dele e espiando entre os ramos, mas só para ver se alguém havia deixado passar algum figo ou maçã.

– Uma história! Uma história! – gritaram as crianças a arrastar para perto do pinheirinho um homenzinho gordo, que se sentou bem embaixo dele.

– Eis que aqui estamos como que em uma verde mata – disse ele.

– E a árvore poderá também tirar muito proveito em escutar! Mas vou contar uma única história. Vocês querem escutar a de Ivede-Avede ou a de Klumpe-Dumpe, que caiu da escada e, apesar de tudo, subiu ao trono e casou-se com a princesa?

– Ivede-Avede! – gritaram alguns. – Klumpe-Dumpe! – gritaram outros.

Havia muita gritaria e muito ruído; somente o pinheirinho permanecia praticamente mudo, pensando:

– Por acaso não vou fazer parte disso? Não me reservaram nenhum papel nisso tudo?

Mas, claro, ele já havia desempenhado seu papel e já tinha feito o que deveria fazer.

Em seguida, o homenzinho contou a história de "Klumpe-Dumpe, que caiu da escada e, apesar de tudo, subiu ao trono e casou-se com a princesa". E as crianças batiam palmas e gritavam:

– Mais uma! Mais uma!

Elas queriam escutar também a de Ivede-Avede, mas só conseguiram a de Klumpe-Dumpe. O pinheirinho permanecia mudo, perdido nos pensamentos; os pássaros da floresta nunca haviam contado a ele uma história como essa.

– Klumpe-Dumpe caiu da escada e, apesar de tudo, se casou com a princesa! Tá bom, tá bom, mas é exatamente como ocorre no mundo – pensou o pinheirinho, acreditando que a história fosse real, pois, afinal, quem contara a história era um homenzinho extremamente agradável. – Bem, quem sabe? Talvez eu também caia da escada e acabe me casando com uma princesa.

O pinheirinho continuava aguardando com ansiedade o dia seguinte, para ser novamente ornamentado com velas e brinquedos, com ouropel e frutas.

– Amanhã, não vou tremer! – pensou consigo. – Vou desfrutar verdadeiramente de todo o meu esplendor. Amanhã, escutarei mais uma vez a história de Klumpe-Dumpe e talvez também a de Ivede-Avede.

O pinheirinho permaneceu calado e perdido em pensamentos durante toda aquela noite.

Na manhã seguinte, vieram um criado e uma criada.

– Agora, sim, vou ser novamente adornado – pensou o pinheirinho.

Contudo, os criados arrastaram a árvore para fora da sala e pela escada acima, até chegar ao sótão, onde ela foi largada num canto escuro, sem poder ver uma fresta da luz do dia.

– Mas o que é isso! – indignou-se o pinheirinho. – Gostaria de saber que função eles acham que eu poderia ter aqui. Que histórias poderia escutar neste lugar?

O pinheirinho apoiou-se na parede, lá ficando a pensar, a pensar, sem parar. Tinha tempo de sobra. Noites e dias passariam. Ninguém nunca subia até lá. Quando finalmente alguém apareceu, foi apenas para empilhar algumas caixas grandes no canto. O pinheirinho estava tão enfurnado ali no canto que parecia que todos se haviam esquecido dele completamente.

– É, já estamos no inverno. Faz frio lá fora – pensou o pinheirinho. – A terra está dura e coberta de neve. Os seres humanos não conseguiriam me plantar lá fora. Então é por isso que tenho de ficar aqui, neste refúgio, até a primavera. Como são precavidos! Como são atenciosos os seres humanos! Se ao menos não fosse tão escuro aqui e eu não estivesse tão solitário. Nem sequer uma lebrezinha. Como era mesmo agradável lá na floresta, quando a neve se espalhava por toda parte e a lebre se aproximada aos saltos. É, até quando ela me pulava, passando exatamente por cima de mim, embora na época isso não me agradasse. Agora, estou aqui, terrivelmente só!

– Pipipi... – chilreou um pequeno camundongo justamente nesse momento, saindo rapidamente da toca.

Logo depois, outro pequeno camundongo se aproximou. Farejaram o pinheirinho, enfiando-se e saindo de mansinho dos ramos.

– Que frio terrível! – disseram os pequenos. – Mas é muito agradável este lugar, não é mesmo, senhor velho pinheirinho?

– Não sou velho, absolutamente! – defendeu-se o pinheirinho. – Há inúmeras árvores bem mais velhas do que eu.

– De onde você veio? – perguntaram os camundonguinhos. – Que novidade nos traz? – perguntaram em seguida, pois eram extremamente curiosos esses bichinhos. – Fale-nos sobre o lugar mais lindo da terra. Já esteve lá? Por acaso já visitou a despensa, onde há queijos sobre as prateleiras e pernil dependurado no teto, onde se pode dançar sobre as velas de sebo e entrar magro e sair gordo?

– Não, não conheço a despensa, mas conheço bem a floresta, onde brilham os raios de sol e cantam os pássaros! – respondeu o pinheirinho, contando em seguida tudo sobre sua juventude.

Os pequenos camundongos nunca haviam escutado histórias como essas. Escutaram atentamente, para não perder nada.

– Meu Deus, quanta coisa você já viu! Como deve ter sido feliz! – disseram os camundongos.

– Eu? – perguntou o pinheirinho, pensando no que havia acabado de dizer. – É, sem dúvida, foram tempos bons aqueles! – completou ele, contando logo após sobre as vésperas do Natal, quando foi adornado com bolinhas e velas.

– Oh! – reagiram entusiasticamente os camundongos. – Como foi feliz, senhor velho pinheirinho.

– Não sou velho, absolutamente! – disse o pinheirinho. – Esse é o primeiro inverno que passo longe da floresta. Estou no apogeu da vida. A única coisa é que parei de crescer, mas apenas temporariamente.

– Como conta bem suas histórias! – disseram os camundongos.

Na noite seguinte, aproximaram-se, trazendo mais quatro outros pequenos camundongos, pois achavam que eles também deveriam escutar o pinheirinho contar suas histórias. Quanto mais ele contava, melhor se lembrava de tudo. E pensava:

– É, com certeza foram tempos muito bons aqueles! Mas tudo pode voltar, tudo pode voltar a ser como antes. Klumpe-Dumpe caiu da escada e, apesar disso, se casou com a princesa; talvez eu também possa me casar com uma princesa.

Em seguida, o pinheirinho ficou pensando na pequena e linda bétula que ainda crescia lá na floresta. É, de fato, ela seria uma bela princesa para o pinheirinho.

– Quem é Klumpe-Dumpe? – perguntaram os camundonguinhos.

O pinheirinho contou-lhe então, de cabo a rabo, esse conto de fadas; ele conseguia se lembrar de cada uma das palavras. Os pequenos camundongos ficaram tão encantados que subiram correndo até a ponta do pinheirinho. Nas noites que se seguiram, muitos outros camundongos vieram em visita ao pinheirinho e, no domingo, apareceram dois ratos. Mas os ratos disseram que nada havia de engraçado naquele conto. Decepcionados, os pequenos camundongos passaram então a se desinteressar também.

– Só conhece essa única história? – perguntaram os ratos.

– Somente essa – respondeu o pinheirinho. – Eu a conheci na noite mais feliz de minha vida, mas na época não me dava conta do quanto era feliz.

– É, é uma história muito ruim! Não conhece nenhuma que fale de toucinho e velas de sebo? Nenhuma história sobre despensa?

– Não – respondeu o pinheirinho.

– Bom, então, obrigada por nada dizer – disseram os ratos, afastando-se.

Por fim, os pequenos camundongos também se afastaram.

– Ah! Era realmente muito bom quando aqueles animados camundonguinhos aconchegavam-se ao meu redor para ouvir o que eu tinha a contar. Agora, isso também se acabou – disse o pinheirinho, suspirando. – Mas vou me lembrar de aproveitar ao máximo quando me tirarem daqui.

Contudo, quando isso aconteceria? Bom, numa manhã bem cedo, vieram umas pessoas ao sótão e começaram a mexer por ali; as caixas foram arrastadas para um lado e o pinheirinho deslocado dali. Soltaram-no com força no chão e, imediatamente, um criado o arrastou pela escada abaixo, onde a luz do dia estava a brilhar.

– Agora a vida vai recomeçar! – pensou o pinheirinho.

Deixou-se sentir o ar fresco e os primeiros raios do sol. Pouco depois, já estava lá fora, no pátio. Tudo mudava muito rapidamente, e o pinheirinho se esqueceu de olhar para si mesmo. Havia tanta coisa ao redor para admirar. Bem perto do pátio havia um jardim, onde tudo que lá havia florescia; as rosas, arqueadas sobre um pequeno cercado, exalavam uma doce fragrância. As tílias estavam floridas, e as andorinhas voavam de um lado para outro, cantando:

– Quirre-virre-vit, meu marido já chegou!

Mas elas não se referiam ao pinheirinho.

– Agora, sim, é que vou viver! – gritou de júbilo o pinheirinho, espalhando ao máximo seus ramos.

Meu Deus, os ramos estavam mirrados e amarelados, e lá estava o pinheirinho, encostado em um canto, entre ervas daninhas e urtigas. A estrela de ouropel, ainda na ponta, refletia a radiante luz do sol.

No pátio, brincavam algumas alegres crianças, aquelas que no Natal dançaram ao redor do pinheirinho e se divertiam a não poder mais. A menor delas correu até o pinheirinho e arrancou a estrela dourada.

– Vejam o que ainda estava amarrado naquela horrível árvore de Natal! – disse a criança menor, pisando nos ramos, que gemeram sob suas botas.

O pinheirinho olhou para a opulência das flores e o frescor que dominava o jardim e, em seguida, olhou para si mesmo, querendo ter sido deixado no sótão, em seu canto escuro. Lembrou-se da sua doce juventude na floresta, da alegria nas vésperas do Natal e da felicidade dos pequenos camundongos ao escutar a história de Klumpe-Dumpe.

– Está tudo acabado! Tudo acabado! – disse o pobre pinheirinho. – Se ao menos tivesse me divertido quando pude! Está tudo acabado! Tudo acabado!

O criado então se aproximou e cortou o pinheirinho em pequenos pedaços. Pouco depois, todos os pedaços já estavam lá, empilhados, e deram uma bela fogueira sob o grande tacho de cobre. O pinheirinho suspirava muito, muito profundamente, e cada suspiro era como um pequeno disparo. As crianças que estavam brincando ouviram e correram para lá, sentando-se em frente ao fogo; olhavam investigativas para as chamas, gritando:

– Tec! Tec!

Mas, a cada disparo, um profundo suspiro. E o pinheirinho lembrou-se de um dia de verão na floresta e de uma noite de inverno lá fora, quando as estrelas estavam a brilhar. Recordou-se das vésperas de Natal e de Klumpe-Dumpe, o único conto de fadas que havia escutado na vida e que sabia contar. Nesse exato momento, pois, o pinheirinho já estava todo consumido.

Os garotos ainda brincavam no pátio. O menor trazia pregada ao peito a estrela dourada, a mesma estrela que coroava o pinheirinho na noite mais feliz de sua vida.

Mas aquela noite já se havia acabado, e já o havia também o pinheirinho, e assim igualmente chega ao cabo esta história. Tudo se acaba, tudo se acaba, como se acabam todas as histórias!

Fonte: Norgaard (2007, p. 157-168).

O Traje Novo do Imperador (1837)

Há muitos anos, vivia um imperador que gostava tanto de trajes novos e bonitos que gastava todo o seu dinheiro para vestir-se bem. Não se preocupava com os seus soldados, nem com comédias, nem em passear de carruagem no bosque, apenas em exibir trajes novos. Tinha uma casaca para cada hora do dia e, tal como se costuma dizer de um rei que está reunido com o seu conselho, dizia-se sempre nesse caso: "O imperador está no guarda-roupa".

Na grande cidade em que vivia, a vida transcorria agradavelmente. Todos os dias chegavam forasteiros. Um dia, chegaram dois vigaristas. Disseram-se tecelões e afirmaram que sabiam tecer a mais bonita fazenda que se podia imaginar. Não só as cores e o padrão eram algo invulgarmente bonitos, mas também as vestimentas que fossem feitas com essa fazenda tinham a maravilhosa propriedade de ficar invisíveis para qualquer pessoa que não fosse boa no seu ofício ou, então, que fosse completamente estúpida.

"Seria um traje bem bonito para vestir", pensou o imperador. "Poderia saber que pessoas no meu império não prestam no ofício que exercem. Poderia distinguir os espertos dos estúpidos! Sim, essa fazenda tem de ser tecida imediatamente para mim!" E pôs nas mãos dos dois vigaristas muito dinheiro para que começassem o trabalho.

Assim, montaram dois teares, fingiam estar trabalhando, mas não teciam nada. Sem hesitação, pediram a seda mais fina e o ouro mais bonito. Meteram-nos nos sacos e trabalharam com os teares vazios até bem tarde da noite.

"Queria saber agora como está a fazenda!", pensou o imperador, mas no fundo estava bastante incomodado por saber que todo aquele que fosse estúpido ou que não prestasse no ofício não conseguiria vê-la. Cria bem que não precisava recear por si próprio. Em todo caso, mandaria alguém primeiro para ver o que se passava. Todas as pessoas da cidade sabiam que poder maravilhoso tinha o tecido e todos estavam desejosos de saber até que ponto o vizinho não valia nada ou era estúpido.

"Vou mandar o meu velho e honrado ministro aos tecelões", pensou o imperador. "Pode ver melhor como se apresenta o tecido, pois é inteligente e ninguém é melhor no seu trabalho do que ele."

Assim, o velho e honrado ministro se dirigiu à sala onde os dois vigaristas estavam sentados trabalhando com os teares vazios. "Deus nos valha!", pensou o velho ministro arregalando os olhos. "Não consigo ver nada!", mas nada disse.

Ambos os vigaristas lhe pediram para ter a gentileza de aproximar-se e perguntaram-lhe se não era bonito o padrão e lindas as cores. Apontaram para os teares vazios e o pobre velho ministro arregalou os olhos, mas não via nada, pois não havia nada para ver. "Meu Deus!", pensou ele. "Serei estúpido? Nunca tinha pensado nisso. Mas ninguém deve sabê-lo. Não presto para o meu trabalho? Não, não pode ser, não vou dizer que não consigo ver o tecido."

– Então, Vossa Excelência não diz nada? – perguntou aquele que estava tecendo.

– Oh! É lindo! Primoroso! – disse o velho ministro, olhando através dos óculos. – Este padrão e estas cores! Sim, vou dizer ao imperador que me agrada extraordinariamente!

– Oh! Muito nos alegra saber! – disseram ambos os tecelões, que indicaram depois os nomes das cores e descreveram o padrão especial. O velho ministro ouviu tudo muito bem para poder repetir, quando regressasse, ao imperador. E assim o fez.

Então os vigaristas pediram mais dinheiro, mais seda e ouro, que seriam necessários para confeccionar o tecido. Meteram tudo nos sacos. Para os teares não veio nem um fio! Mas continuaram, como antes, tecendo no tear vazio.

O imperador enviou pouco depois um outro honrado funcionário para ver como ia a confecção do tecido e para saber se estaria pronto em breve. Passou-se o mesmo que se tinha passado com o ministro. Olhou e voltou a olhar, mas como não havia outra coisa a não ser os teares vazios, nada conseguiu ver.

– Não é verdade que é uma bela peça? – perguntaram ambos os vigaristas, exibindo-a e dando esclarecimentos sobre o belo padrão que, evidentemente, não existia.

"Estúpido não sou!", pensou o homem. "Será que não presto para o meu trabalho? Que piada! Mas não vou dar o prazer de alguém perceber." Desse modo, louvou o tecido, que não via, e assegurou-lhes o gosto de ver as lindas cores e o bonito padrão.

– Sim, é primoroso! – disse ele ao imperador.

Todas as pessoas da cidade falavam do lindo tecido.

Então, o imperador quis ele próprio ver o que fora feito nos teares. Com uma comitiva de seletos senhores, entre os quais os dois velhos e honrados funcionários, que antes já haviam estado lá, dirigiu-se para os dois astutos vigaristas, que agora teciam com todas as forças, mas sem fio nem fibra.

– Não é maravilhoso? – perguntaram ambos os honrados funcionários. – Queira Vossa Majestade ver que padrão, que cores! – e apontaram para os teares vazios, pois criam que os outros podiam certamente ver a fazenda.

"Que é isto?", pensou o imperador. "Não vejo nada! Oh! É terrível! Serei estúpido? Não presto para ser imperador? Seria a coisa mais horrível que me poderia acontecer!"

– Oh! É muito bonito! – disse o imperador. – Tem a minha suprema aprovação! – e acenou com a cabeça satisfeito, observando os teares vazios. Não queria dizer que não conseguia ver nada.

Toda a comitiva que viera com ele olhou e tornou a olhar, mas não viu mais do que todos os outros. Disseram, contudo, como o imperador:

– Oh! É muito bonito! – e aconselharam-no a vestir aquele novo e bonito traje pela primeira vez na grande procissão que iria realizar-se.

– *Magnífico!* Lindo! Excelente! – andava de boca em boca, e todos se sentiam intimamente contentes com isso. O imperador deu a cada um dos vigaristas uma cruz de cavaleiro para pendurar na botoeira e o título de cavaleiro de tear.

Toda a noite, antes da manhã em que a procissão teria lugar, estiveram os vigaristas de pé, com mais de dezesseis velas acesas. O povo podia ver que estavam ocupados em aprontar o novo traje do imperador. Fingiam que tiravam a fazenda do tear, que a cortavam no ar com grandes tesouras, que a cosiam com agulhas e linha. Por fim, disseram:

– Vede, o traje está pronto!

O imperador, com os seus cavaleiros mais distintos, foi ele próprio ao encontro dos vigaristas, que levantaram um braço no ar, como se segurassem alguma coisa, e disseram:

– Aqui estão as calças! Eis a casaca! Aqui está o manto! – e assim por diante. – É tão leve como teia de aranha! Crer-se-ia que não se tem nada sobre o corpo, mas é precisamente a sua virtude!

– É claro! – disseram todos os cavaleiros, mas não conseguiam ver coisa alguma, pois nada havia para ver.

– Se agora Vossa Majestade Imperial tivesse a bondade de comprazer-se em tirar as roupas – disseram os vigaristas –, vestir-lhe-íamos o novo traje, aqui, diante do grande espelho.

O imperador despiu todas as roupas e os vigaristas fizeram como se lhe entregassem peça por peça do novo traje, supostamente acabado. Pegaram-lhe pela cintura e fingiram acertar algo que estava puxando, e o imperador virava-se e voltava-se diante do espelho.

– Deus! Como veste bem! Como assenta lindamente! – disseram todos juntos. – Que padrão! Que cores! É um traje precioso!

– Lá fora já estão com o pálio sob o qual irá Vossa Majestade na procissão – disse o mestre de cerimônias principal.

– Está bem, já estou pronto – disse o imperador. – Não assenta bem? – virou-se ainda uma vez mais diante do espelho, pois devia parecer como se estivesse a admirar verdadeiramente a sua elegância.

Os funcionários da corte que tinham de segurar a cauda do traje tatearam com as mãos o chão, como se a levantassem. Saíram segurando-a no ar, pois não deviam deixar transparecer que nada conseguiam ver.

Então, o imperador saiu em procissão sob o pálio, e todas as pessoas na rua e nas janelas diziam:

– Meu Deus! Como é impecável o novo traje do imperador! Que bela cauda tem a casaca! Como assenta bem!

Ninguém queria que notassem que nada via, pois desse modo seria considerado mau no ofício ou muito estúpido. Nenhum outro traje do imperador produzira tanta felicidade!

– Mas não está vestindo nada! – disse uma criancinha.

– Louvado seja Deus! Ouçam a voz da inocência! – disse o pai. E cada um segredou ao outro o que dissera a criança.

– Não está vestindo nada! – gritou por fim todo o povo. E isso impressionou o imperador, pois parecia-lhe que o povo tinha razão. Mas pensou: "Agora, tenho de continuar com a procissão". E continuou ainda mais orgulhoso, e os funcionários da corte atrás, segurando a cauda, cauda que não existia.

Fonte: Andersen (2011, p. 102-106).

O Patinho Feio (1843)

Estava tão bonito lá fora no campo! Era verão, o trigo estava amarelo, a aveia estava verde, o feno fora amontoado em medas nos prados verdes, e aí andava a cegonha com as suas longas pernas vermelhas falando egípcio, pois essa língua ela aprendera da mãe dela. Em redor dos campos e dos prados havia bosques grandes e no meio deles, fundos lagos. Sim, estava verdadeiramente bonito lá fora no campo! Ao centro, iluminado pelo sol, via-se um velho solar com fundos canais à volta dos muros e para baixo, até a água, cresciam grandes folhas de bardanas, tão altas que as crianças podiam ficar de pé sob as maiores delas. Era tão emaranhado aí como no bosque mais espesso e lá se encontrava uma pata no seu ninho.

Devia chocar os seus patinhos, mas estava muito cansada disso, pois demorava muito tempo e raramente recebia visitas. As outras patas gostavam mais de nadar à volta, nos canais, que de correr lá para cima e sentarem-se sob uma folha de bardana para grasnar com ela.

Por fim, rebentou um ovo após outro.

– "Pi! Pi!" – diziam eles. Todas as gemas de ovo se tornaram criaturas vivas, pondo a cabeça de fora.

– Vá! Vá! – disse ela, e eles se apressaram quanto podiam e olhavam para todos os lados sob as folhas verdes. E a mãe deixava-os olhar tanto quanto queriam, pois o verde é bom para os olhos.

– Como o mundo é tão grande! – disseram os filhotes. Pois, na verdade, tinham agora bem mais espaço do que quando se encontravam dentro do ovo.

– Não julguem que isto é todo o mundo! – disse a mãe. – Estende-se para muito além do outro lado da quinta, bem para dentro do campo do pastor! Mas lá nunca estive! Estão todos aqui! – disse, levantando-se. – Não, não estão todos! O ovo maior está ali! Quanto tempo vai demorar? Estou começando a ficar cansada! – voltou a deitar-se.

– Então, como vai isso? – perguntou uma velha pata que vinha fazer-lhe uma visita.

– Está tão demorado este ovo! – disse a que chocava. – Não há meio de furá-lo! Mas vê os outros! São os patinhos mais bonitos que jamais vi! Parecem-se todos com o pai, esse malvado que não vem visitar-me.

– Deixa-me ver o ovo que não quer rebentar! – disse a velha. – Podes crer que é um ovo de peru! Assim também fui enganada uma vez e tive tantos aborrecimentos com os filhotes, pois têm medo da água, devo dizer-te! Não consegui levá-los até lá! Grasnei e dei-lhes bicadas, mas não serviu de nada! Deixa-me ver o ovo! Sim, é um ovo de peru! Deixa-o ficar aí e ensina os outros filhotes a nadar!

– Quero chocá-lo um pouco mais! – disse a pata. – Já que estive deitada tanto tempo, posso também ficar o tempo do defeso!

– Como quiseres! – disse a velha pata, e foi-se embora.

Finalmente, o ovo grande rebentou.

– "Pi! Pi!" – disse o filhote, deixando-se tombar para fora. Era tão grande e tão feio! A pata olhou para ele:

– Mas é um patinho terrivelmente grande! – exclamou. – Nenhum dos outros parece assim! Não será, com certeza, um peruzinho! Bem, em breve vamos saber! Para a água terá de ir, nem que eu tenha de arrastá-lo às bicadas!

No dia seguinte, fazia um tempo maravilhoso. O sol brilhava sobre todas as bardanas verdes. A mãe dos patinhos avançou com toda a família para baixo, em direção ao canal. Chap! Saltou na água.

– Vá! Vá! – disse ela, e os patinhos deixaram-se cair um após outro. Ficaram com a cabeça debaixo de água, mas vieram logo para cima e flutuaram maravilhosamente. As pernas andavam por si próprias e todos lá estavam; o próprio filhote feio e cinzento também nadava.

– Não, não é nenhum peru! – exclamou ela. – Como mexe tão bem as pernas, como se mantém direito! É mesmo meu filho! No fundo, é bastante bonito, quando se o observa bem! Vá! Vá! Venham agora comigo, vou levá--los para o mundo e apresentá-los no pátio dos patos, mas andem sempre ao pé de mim, para que ninguém lhes pise, e tenham cuidado com o gato!

Entraram, assim, no pátio dos patos. Fazia um barulho terrível lá dentro, pois havia duas famílias que se batiam por uma cabeça de enguia, mas foi o gato que a apanhou.

– Vejam, assim se passam as coisas no mundo! – disse a mãe dos patinhos, lambendo o bico, pois também lhe apetecia a cabeça de enguia.

– Mexam as pernas agora! – disse ela. – Vejam se podem grasnar e fazer uma cortesia com o pescoço diante daquela pata velha! É a mais distinta de todas aqui. É de sangue espanhol, portanto, é pesada, e vejam como tem um trapo vermelho em volta da perna! É algo de extraordinariamente belo e a maior distinção que uma pata pode receber. Significa muito, que não se quer desembaraçar dela e que deve ser reconhecida por animais e homens. Grasnem! Não com as pernas para dentro! Um patinho bem criado põe as pernas bem afastadas uma da outra, como o pai e a mãe! Assim! Façam uma cortesia com a cabeça e digam: "Quá!".

E assim fizeram. Mas as outras patas ao redor olharam para eles e disseram bem alto:

– Vejam! Vamos ter agora mais aquela ninhada! Como se já não fôssemos muitos! Ai! Que aspecto tem aquele patinho! Não podemos tolerar isso!

E logo esvoaçaram, uma pata atrás da outra, para ir mordê-lo na nuca.

– Deixem-no! – disse a mãe. – Não fez mal algum a ninguém!

– Sim, mas é demasiado grande e demasiado estranho! – disse a pata que o mordeu. – Por isso tem de apanhar!

– São bonitos os filhotes que a mãe tem! – disse a pata velha com o trapo na perna. – Todos bonitos, exceto um, que não teve êxito! Desejaria que ela pudesse refazê-lo!

– Não serve de nada, Vossa Mercê! – disse a mãe dos patinhos. – Ele não é bonito, mas tem bom feitio e nada tão bem como qualquer dos outros; sim, ouso mesmo dizer, um pouco melhor! Penso que vai tornar-se bonito ou que com o tempo ficará melhor! Ficou muito tempo no ovo, por isso não recebeu a forma correta! – e passou-lhe o bico na nuca, alisando-lhe as pernas. – Além disso, é um pato – disse ela –, por isso não tem muita importância! Confio que venha a ter boas forças, vai vencer com certeza!

– Os outros patinhos são engraçadinhos! – disse a velha. – Façam como se estivessem em casa e, se encontrarem uma cabeça de enguia, podem trazê-la para mim!

Assim, estavam como em casa.

Mas o pobre patinho, que saíra em último lugar do ovo e que tinha um aspecto tão feio, foi mordido, apanhou, e dele escarneceram tanto as patas como as galinhas.

– É demasiado grande! – diziam todos, e o peru, que nasceu com esporas e que julgava por isso ser imperador, inchou todo como um barco de velas enfunadas, foi na direção dele e gorgolejou-lhe, ficando todo vermelho na cabeça. O pobre patinho não sabia onde devia enfiar-se, estava tão desolado por ter um aspecto tão feio e servir de escárnio para todo o pátio dos patos.

Assim se passou no primeiro dia e depois ficou cada vez pior. O pobre patinho era perseguido por todos, até mesmo os irmãos eram maus para ele e diziam sempre:

– Se ao menos o gato te levasse, feia criatura!

E a mãe dizia:

– Quem me dera que fossem para longe! – e as patas o mordiam e as galinhas o picavam e a garota que distribuía a comida aos animais dava-lhe pontapés.

Então, elevou-se voando para fora da sebe. Os passarinhos que estavam nos arbustos fugiram espavoridos. "É porque sou feio!", pensou o patinho, e fechou os olhos, mas continuou a correr, e chegou ao grande pântano, onde moravam os patos bravos. Lá ficou toda a noite. Estava tão cansado e aflito!

De manhã, os patos bravos levantaram voo e olharam para o novo camarada.

– De que espécie és tu? – perguntaram eles, e o patinho voltou-se para todos os lados e saudou tão bem quanto podia.

– É extraordinariamente feio! – disseram os patos bravos. – Mas para nós dá no mesmo, desde que não cases na nossa família!

Pobrezinho! Não pensava, certamente, em casar-se. Se pudesse apenas ter autorização para deitar-se nos juncos e beber um pouco de água do pântano!

Ali ficou dois dias. Então, vieram dois gansos bravos, dois machos. Havia pouco tempo saíram do ovo, por isso eram tão atrevidos.

– Ouve, camarada! – disseram eles. – Tu és tão feio que posso bem gostar de ti! Queres vir conosco e ser ave de arribação? Ali, num outro pântano, há umas patas bravas encantadoras, meninas que sabem dizer: "Quá!". Estás em condições de fazer a tua felicidade, tão feio és!

"Pum! Pum?", ouviu-se no mesmo momento por cima, e os dois gansos bravos caíram mortos nos juncos, e a água tornou-se vermelha de sangue. "Pum! Pum!", voltou-se a ouvir. Todo o bando de gansos bravos voou dos juncos, e depois ainda estalou. Era uma grande caçada, os caçadores estavam ao redor do pântano, sim, alguns até estavam sentados nos ramos das árvores que se estendiam sobre os juncos. O fumo azul subia como nuvens entre as árvores sombrias e ficava suspenso por sobre a água. Pelo lodo vieram os cães de caça, "platch! platch!". Juncos e canas abanavam para todos os lados. Era terrível para o pobre patinho, que virou a cabeça para colocá-la debaixo da asa, e precisamente nesse momento apareceu junto dele um cão terrivelmente grande, com a língua pendendo para o lado e os olhos brilhando, horríveis.

Pôs o focinho contra o patinho, mostrou os dentes aguçados e... "platch! platch!", lá se foi sem pegar nele.

– Deus seja louvado! – sussurrou o patinho. – Sou tão feio que nem mesmo o cão quer morder-me!

Ficou completamente quieto, enquanto as chumbadas sibilavam nos juncos e estouravam tiro após tiro.

Só mais para o fim do dia é que se fez silêncio, mas o pobre patinho ainda não ousou levantar-se, esperou algumas horas mais, olhou em torno e, então, apressou-se a sair do pântano, do melhor modo possível. Havia vento forte, por isso teve dificuldade em sair dali.

Perto da noite atingiu uma pobre casa de camponeses. Era tão miserável que ela mesma não sabia para que lado havia de cair e, assim, ficava de pé. O vento sibilava de tal modo à volta do patinho que este tinha de apoiar-se na cauda para enfrentá-lo, e cada vez estava pior. Então, observou que a porta tinha saído de um dos gonzos e estava suspensa tão de lado que ele podia introduzir-se pela abertura, o que fez.

Lá morava uma velha com o gato e a galinha. O gato, que ela chamava "Filhinho", sabia corcovear a espinha e rosnar, e chegava mesmo a faiscar, tanto que era preciso, então, passar-lhe a mão no pelo em sentido contrário. A galinha tinha umas pernas pequenas muito baixas, por isso se chamava "Franguinha Perna Curtinha". Punha bons ovos e a mulher gostava dela como se fosse sua filha.

De manhã, logo deu pelo estranho patinho, o gato começou a corcovear a espinha e a galinha, a cacarejar.

– Que é isto? – disse a velha, olhando à volta. Mas não via bem e assim julgou que o patinho era uma pata gorda que se perdera. – É um achado! – disse ela.– Agora posso ter ovos de pata, se não for um pato! Temos que ver isso!

E assim o patinho foi tomado à prova por três semanas. Mas não apareceu nenhum ovo. O gato era o senhor da casa e a galinha, a senhora, e diziam sempre:

– Nós e o mundo! – pois criam que eram metades deste, e as partes melhores. Ao patinho parecia que não era bem assim, e isso a galinha não suportava.

– Sabes pôr ovos? – perguntou ela.

– Não.

– Então, cala o bico!

E o gato dizia:

– Sabes corcovear a espinha, rosnar e faiscar?

– Não.

– Então, não deves ter opiniões quando fala gente com razão!

O patinho sentava-se a um canto e ficava de mau humor. Então, sucedeu-lhe pensar no ar livre e na luz do sol. Ficou com um tal anseio maravilhoso de flutuar na água que por fim não podia aguentar, tinha de dizê-lo à galinha.

– Que se passa contigo? – perguntou ela. – Não tens nada a fazer, por isso te vêm essas fantasias à cabeça! Põe ovos ou rosna, que assim passarão.

– Mas é tão belo flutuar na água! – disse o patinho. – Tão belo pôr a cabeça debaixo dela e mergulhar no fundo!

– Sim, é um grande prazer! – disse a galinha. – Ficaste bem maluco! Pergunta ao gato – é o mais inteligente que conheço – se ele gosta de flutuar na água ou mergulhar nela. Não quero falar de mim... Pergunta mesmo à nossa dona, a velha, mais inteligente do que ela não há ninguém no mundo! Crês que ela tem vontade de flutuar na água ou de pôr a cabeça debaixo dela?

– Não me compreendem – disse o patinho.

– Bem, se não te compreendemos, quem te compreenderá? Não pretendes, com certeza, ser mais inteligente que o gato e a mulher, para não falar de mim! Não sejas presunçoso, criança! E agradece ao Criador por tudo de bom que se fez por ti! Não vieste para uma casa quente e não tens um ambiente no qual podes aprender alguma coisa? Mas tu és um disparatado e não é divertido falar contigo! Podes crer-me! É para teu bem que te digo coisas desagradáveis e é nisso que se reconhecem os verdadeiros amigos! Vê apenas se consegues pôr ovos e aprendes a rosnar ou a faiscar!

– Creio que me vou embora, por esse mundo afora! – disse o patinho.

– Pois vai! – retorquiu a galinha.

O patinho foi. Flutuou na água, mergulhou nela, mas por todos os animais foi desdenhado por causa de sua fealdade.

Chegou o outono. As folhas nos bosques ficaram amarelas e castanhas, o vento pegou nelas de tal modo que dançavam à roda e lá em cima no céu parecia fazer frio.

As nuvens suspendiam-se pesadas com granizo e geada, e na sebe estava o corvo que gritava "ai! ai!", por causa do frio. Podia-se ficar literalmente enregelado só de pensar nisso. O pobre patinho, realmente, não passava bem.

Uma tarde, em que houve um lindo pôr do sol, das moitas veio todo um bando de aves grandes e belas. O patinho nunca vira aves tão bonitas, eram todas de um branco brilhante, com pescoços longos e flexíveis. Eram cisnes! Eles lançaram um som bastante estranho, abriram as asas largas e belas e voaram para fora das regiões frias para terras mais quentes, para os lagos abertos. Subiram alto, bem alto, e o patinho feio sentiu-se muito esquisito. Pôs-se a andar à volta na água como uma roda, estendeu o pescoço grande para o ar na direção deles, lançou um grito tão alto e estranho que ele próprio ficou com medo.

Oh! Não podia esquecer as belas aves, as aves felizes, e logo que não as viu mais mergulhou imediatamente no fundo e, quando voltou, estava como que fora de si. Não sabia como se chamavam as aves, nem para onde voaram, mas ficou gostando delas como nunca tinha gostado de ninguém. Não as invejava de modo algum, pois como podia suceder-lhe desejar uma tal beleza? Contentar-se-ia apenas com os patos o tolerarem entre eles! Pobre animalzinho feio!

O inverno ficou tão frio, tão frio. O patinho tinha de nadar em círculo na água para evitar que esta gelasse completamente. Mas cada noite o buraco em que ele nadava tornava-se mais e mais pequeno. Gelou de tal modo que estalava na crosta de cima. O patinho tinha de estar sempre mexendo as pernas para que a água não se fechasse. Finalmente, ficou extenuado, deitou-se completamente abatido e ficou colado ao gelo.

De manhã cedo veio um camponês. Viu-o, foi direto a ele, bateu com o tamanco no gelo, partindo-o em pedaços, e o levou para casa, para a mulher. Voltou à vida.

As crianças queriam brincar com ele, mas o patinho julgou que queriam fazer-lhe mal e correu, com medo, precisamente para dentro da tigela do leite, de modo que o leite salpicou as paredes da casa. A mulher gritou e agitou os braços no ar, e então voou para dentro da selha onde estava a manteiga, depois para dentro do barril da farinha e depois veio para cima outra vez. Ui! Como ele estava! A mulher gritava e corria atrás dele para bater-lhe com a tenaz do fogão, e as crianças corriam atrás uma da outra, atropelando-se, para apanhar o patinho, e riam e gritavam... Foi bom que a porta estivesse aberta! Correu para fora, por entre os arbustos, para a neve recém-caída, e lá ficou, como que entorpecido.

Mas seria demasiado triste contar todas as necessidades e misérias por que passou no inverno rigoroso... Estava no pântano, entre canas, quando o sol começou a brilhar quente de novo. As calhandras cantavam. Era a bela primavera.

Então, ergueu de uma vez as asas, que se agitaram mais fortemente do que antes e o deslocaram com grande impulso. Antes que desse por isso, encontrava-se num grande jardim, onde as macieiras floriam, onde os lilases perfumavam o ar e se suspendiam nos longos ramos verdes, diretamente por sobre os canais retorcidos. Oh! Ali era tão belo, de uma frescura tão primaveril! E precisamente diante dele vinham das moitas três belos cisnes brancos. Agitavam as penas e flutuavam tão levemente na água. O patinho reconheceu os belos animais e foi tomado de estranha tristeza.

– Vou voar para eles, os animais reais! E picar-me-ão de morte porque eu, que sou tão feio, ouso aproximar-me deles! Mas dá no mesmo! Melhor ser morto por eles do que ser bicado pelas patas, espicaçado pelas galinhas, levar pontapés da garota que trata do galinheiro e sofrer desgraças no inverno! – Voou para a água e nadou ao encontro dos belos cisnes. Estes o viram e dispararam agitando as pernas para ele.

– Vão, matem-me! – disse o pobre animal, curvando a cabeça para a superfície da água à espera da morte. Mas que viu na água clara? Viu por baixo dele a própria imagem; não era mais uma ave pesada, cinza-escura, feia e antipática: era um cisne.

Não tem importância nascer num pátio de patos, se se foi chocado num ovo de cisne!

Sentiu-se muito alegre por todas as necessidades e dificuldades por que passara. Agora apreciava a felicidade, toda a beleza que lhe sorria. Os cisnes grandes nadavam-lhe à volta e acariciavam-no com o bico.

Ao jardim chegaram criancinhas que lançaram pão e milho na água, e a mais pequena de todas gritou:

– Há um novo! – e as outras crianças alegraram-se com isso.

– Sim, chegou um novo! – batiam palmas e dançavam à roda. Correram para os pais, pão e bolo foram lançados à água, e todos disseram:

– O novo é o mais bonito de todos! Tão jovem e tão belo!

Os cisnes velhos curvaram-se, reverenciando-o.

Sentiu-se, então, muito envergonhado e escondeu a cabeça por detrás da asa. Não sabia o que fazer! Sentia-se perfeitamente feliz, mas de modo algum orgulhoso, pois um bom coração nunca fica orgulhoso! Pensava como fora perseguido e ofendido e ouvia agora todos dizerem que era a mais bela de todas as aves belas. E os lilases curvavam os ramos para a água em direção a ele e o sol brilhava tão quente e tão agradável! Então, as penas agitaram-se-lhe, o pescoço elegante elevou-se, e alegrou-se de todo o coração:

– Com tanta felicidade nunca sonhei, quando era o patinho feio!

Fonte: Andersen (2011, p. 189-198).

AGIR

Depois de pensarmos e sentirmos, chegamos à parte que traz a possibilidade da ação concreta! E nossa ação será mobilizada pelo conhecimento de técnicas que possam auxiliar em nosso processo criativo. Portanto, não basta saber quais são as ferramentas, é necessário utilizá-las com frequência e fazer boas combinações entre elas.

A criatividade e inovação cumprem um papel decisivo nas empresas hoje. Nesse ambiente muito dinâmico, cheio de riscos e incertezas, a capacidade de tomar decisões sem apoio de padrões ou normas estabelecidas é um feito ambicionado e a habilidade de criar, um bem precioso. Mais do que isso, a perda da eficiência pela falta de capacidade de inovar pode causar prejuízos e, por vezes, afastamento do mercado. O investimento na criatividade e inovação pode significar manter-se na frente em áreas críticas do desenvolvimento: uma empresa criativa tem visão de futuro, sensibilidade para enxergar oportunidades e antecipar necessidades (SANMARTIN, 2012, p. 19).

ATIVADORES CRIATIVOS

Os ativadores criativos são recursos que acionam a imaginação criadora, estimulando os dois hemisférios: o esquerdo – mais racional, convergente, matemático; e o direito – intuitivo, sensível, divergente, fazendo com que ambos colaborem para a solução criativa de questões que possam ser apresentadas.

Cada um dos ativadores criativos pode ser utilizado tanto em separado quanto combinados entre si. Utilizar ativadores criativos faz parte da dimensão processo. O aprendizado de novas técnicas e a prática sistemática dos ativadores já conhecidos potencializam a quantidade e a qualidade de soluções criativas, tanto do ponto de vista individual quanto grupal.

Os ativadores criativos estimulam o uso de símbolos, signos, narrativas, metáforas, e todos os ativadores, em maior ou menor grau, utilizam-se das analogias, que são a representação de conteúdos subjetivos e internos de cada ser humano. Segundo Sanmartin (2012, p. 63), "analogia é uma das técnicas mais poderosas para desenvolver a criatividade". Portanto, quanto mais estimularmos a nossa imaginação, maior será a possibilidade de aumentarmos a nossa criatividade e capacidade de dar soluções diferentes para as situações.

Vamos aos ativadores criativos...

Brainstorm

O *Brainstorm* (ou *Torbellino de ideas* em espanhol), que significa em português "tempestade de ideias", serve para estimular a liberdade de expressão, a desinibição pessoal ou grupal. É uma maneira divertida de liberar o subconsciente, explorando livremente um tema ou mesmo ampliando a possibilidade de gerar ideias.

Vamos praticar:

- Escolha um tema que precisa ser desenvolvido, criado ou melhorado.
- Defina a sua meta de tempo.
- Registre o maior número de ideias.
- Escolha as ideias mais eficazes, tendo em vista a sua concretização.
- Busque ideias opostas.
- Estabeleça cadeias lógicas (causas, consequências e soluções).
- Simule a execução.
- Anote consequências positivas e negativas.
- Concretize a ideia escolhida.

Escolha um tema de sua preferência. Cronometre 3 minutos e escreva a maior quantidade de palavras que conseguir. Terminado o tempo, circule 3 palavras que mais lhe tenham chamado a atenção. Crie um *slogan* com essas palavras.

Jogo linguístico

O jogo linguístico foi pensado para ajudar na flexibilidade semântica mental e para buscar possíveis sentidos ou significados para uma palavra conhecida ou não. Nós podemos apoiar o jogo linguístico na impressão geral que a palavra nos causa, ou pensarmos somente no seu som, na combinação que faz com outras palavras. Este ativador criativo é excelente para aumentarmos nosso repertório em relação a determinado assunto.

Vamos praticar:

- Registre os significados múltiplos com diferentes expressões.
- Escreva palavras ou expressões correlacionadas à família de palavras.
- Analise a estrutura.
- Decomponha os diversos elementos.

Crie neste espaço um jogo de palavras que tenham algum sentido que possam ser recriadas e modificadas.

Desmanche de frases

Uma frase, como uma unidade significativa, é um elemento rico para decompor e recompor aleatória ou logicamente outras possibilidades. Com um desmanche de frases é possível perceber valores, significados, estruturas, fazendo com que ocorra maior flexibilidade linguística e semântica.

Vamos praticar:

- Copie uma frase que necessite ser trabalhada.
- Separe duas ou três palavras-chave na frase.
- Associe cada uma delas a um novo significado.
- Utilize antônimos e sinônimos.
- Escreva a frase original utilizando as novas palavras.

Escreva aqui uma frase que você queira; pode ser um trecho de poesia. Depois reescreva de um jeito novo, diferente, mude palavras, sentidos, coloque metáforas...

Metamorfose total do objeto

Este ativador criativo trabalha a forma dos objetos. Buscamos aqui uma mudança radical que de fato represente uma metamorfose. Pense na anatomia, no funcionamento, nos usos, no tamanho, na cor, na forma, e libere sua imaginação para fazer as alterações a partir daí.

Vamos praticar:

- Escolha um objeto para a transformação.
- Registre as possíveis mudanças de cor, forma, textura e estrutura.
- Inverta o objeto e faça mais alguma mudança.

Desenhe um objeto qualquer. Pense numa variação deste desenho. Depois pense numa terceira e quarta possibilidades que transformem o objeto inicial em algo novo e diferente.

Analogia inusual

Este ativador criativo permite estabelecer uma conexão lógica de fenômenos muito distintos. Aqui mesmo, nesta obra, no capítulo sobre o processo criativo, três autores olham para a ideia de processo criativo com metáforas muito inusuais: Wujec compara o processo criativo ao ato de cozinhar; Sanmartin associa ao nascimento da borboleta; e Torre faz uma analogia do processo criativo com um pomar.

Vamos praticar:

- Escolha duas coisas ou fenômenos completamente diferentes entre si.
- Realize primeiramente um *brainstorm* referente a cada coisa em separado.
- Faça as possíveis conexões entre os elementos comuns, parte por parte.

Escreva duas coisas que você queira muito realizar, fazer ou modificar. Escreva tudo o que puder sobre a primeira, faça um *brainstorm*; depois faça outro *brainstorm* sobre a segunda coisa. Agora, ligue as palavras comuns, veja o que têm de semelhante e crie algo novo. Aqui pode nascer um roteiro, uma explicação, um esquema.

Análise recreativa de textos

Este é um ativador que auxilia na estimulação da imaginação para a construção de textos mais criativos, por meio de busca de novas palavras e novas possibilidades de usos de expressões e frases. As mudanças na forma de pontuação também são bem-vindas, quando estas dão novo sentido ao texto.

Vamos praticar:

- Troque algumas palavras por sinônimos ou antônimos.
- Mude a pontuação gerando outras intenções, pelos cortes ou amplificações.
- Estimule os sentidos somando ações metafóricas: conte algo através do olfato, do paladar, do tato, da audição e da visão.

Busque um texto curto que você goste muito. Transcreva-o aqui. Agora, altere a pontuação, modifique palavras, dê outros sentidos para as expressões, crie metáforas, experimente novas palavras... Releia o texto... faça dele uma poesia!

Projeto vital

Sonhar, planejar e executar! Esta é basicamente a tríade que compõe o projeto vital. Ao sistematizar esta prática, muitas metas que antes ficavam guardadas e adormecidas podem se tornar um projeto com alta relevância em sua vida. Utilize a imaginação em cada uma das etapas: sonhe deliberadamente, planeje com consistência, deixando claros os passos e prazos, e por fim realize, execute o que você almejou.

Vamos praticar:

- Formule um desejo ou meta do modo mais concreto possível.
- Imagine tudo com riqueza de detalhes.
- Faça um *brainstorm* de todos os passos que devem ser dados.
- Realize outro *brainstorm* dos recursos e atividades envolvidas.
- Ordene os passos em ordem cronológica.

Sonho – Planejamento – Execução... qual é o seu projeto? Capriche nos detalhes. Escreva tudo o que vier a sua mente... Lembre-se de colocar passos e prazos. Só assim os sonhos se realizam!

Autobiografia criativa

Este é um poderoso ativador, tanto para estimular a criatividade quanto para a melhoria do autoconhecimento. A autobiografia criativa estimula que você utilize todos os ativadores que já foram apresentados até aqui. E é claro que existem muitos outros à disposição, basta que você tenha vontade de fazer algo novo em sua vida, pesquisando, estudando, aumentando o seu próprio repertório.

Vamos praticar:

- Invente uma maneira de contar a história de sua vida de um jeito diferente; você pode ilustrar, fazer recortes de revistas, fazer uma linha do tempo, um vídeo, um áudio, uma sequência especial de fotos mais marcantes.
- Utilize a sequência que você conheceu quando abordados no capítulo sobre narrativas: crise, aspiração, viagem, desafio, mediação, conquista.

Que tal pensar em uma autobiografia em forma de narrativa? Um conto cheio de imaginação, um conto que não fique só no passado, que também navegue pelo futuro.

Abra as portas da sua imaginação! Basta começar: Era uma vez....

Se preferir, você pode ler o conto "A Loba e as Montanhas", que vem a seguir, e buscar nele inspiração com todos estes elementos que foram citados.

A Loba e as Montanhas

Era uma vez uma pequena alcateia, perto das montanhas, onde vivia uma modesta família de lobos camponeses, composta de pai, mãe e três filhotes, que cresciam fortes e saudáveis – viviam dignamente e sustentavam-se com o fruto de seu trabalho. A primavera estava exuberante aquele ano e as cores mais vivas presenteavam cada flor daquelas montanhas.

Nessa família de lobos havia uma lobinha muito diferente de todos – a mais irrequieta dos três filhotes, sempre em busca de novidades para a alcateia e querendo saber o que havia além das montanhas, mesmo que isso por vezes incomodasse alguns lobos e lobas.

Numa tarde, algo atraiu a filhote primogênita. Ela afastou-se bastante da alcateia e subiu até o alto da montanha Ymolocaty. Lá de cima, pôde contemplar o horizonte como nenhum lobo de sua alcateia havia contemplado. E seus olhos brilharam no mesmo instante em que o seu coração de loba aqueceu. Olhando para o crepúsculo, ela sentiu algo novo e diferente naquele final de tarde.

Por alguns instantes, uma ventania inesperada soprou e espalhou as folhas do chão. Apareceu um círculo de luz e três luzes muitos alvas se destacaram, rodopiaram sobre a lobinha, envolvendo-a com energia e calor. Ela não imaginava o que poderia ser tudo aquilo, mas não teve medo.

O vento cessou, as folhas se aquietaram e a lobinha fitava as três luzes com um olhar atento e solene. As três luzes ficaram ainda mais intensas e se manifestaram em forma de vozes suaves, serenas e ao mesmo tempo firmes.

– Lobinha, já faz alguns dias que queremos estar com você.

– Comigo? O que vocês querem de mim?

A segunda voz, de forma muito tranquila, disse:

– Hoje você receberá bênçãos especiais e compreenderá um pouco a sua missão.

– Missão? – interrogou a lobinha.

– Sim! Sem que você percebesse, já cumpriu duas etapas de sua missão. E o fato de você estar aqui e agora é prova disso.

– Mas quais foram as etapas que eu cumpri?

– Na verdade, você passou por dois portais. Você já passou pelo primeiro e tempos depois passou pelo segundo portal.

– Portal? Não me lembro de ter visto nenhum portal no caminho da alcateia até aqui.

– Lobinha, os portais não estavam neste caminho de hoje. O primeiro portal você passou sem perceber, pois era muito, muito pequenina. O primeiro portal aconteceu no seu nascimento, antecedendo os seus primeiros sete primeiros anos vida. Durante esse período você aprendeu a ser uma lobinha – explicou uma das vozes.

Outra voz completou:

– O segundo portal você passou ao completar sete anos de idade. E com essa passagem, você entrou num novo ciclo de sete anos que estão se fechando hoje. Ao longo desse ciclo, ficamos observando você e percebemos a sua inquietação para as coisas da vida e do mundo.

A lobinha não estava compreendendo muito bem, mas permanecia atenta a cada palavra. Era uma loba muito curiosa.

– Você já nasceu com um sentido para sua vida muito forte. Mas eis que chega a hora de você, lobinha, decidir se quer de fato continuar; e se aceitar a sua missão, a jornada continuará a partir daqui; e se declinar, você descerá a montanha retornando para a sua alcateia.

A lobinha, fazendo reverência, disse:

– Façam-me saber qual é a minha missão.

A primeira voz disse:

– Já que você aceita, lobinha, terá de passar pelo terceiro portal.

A lobinha cheia de curiosidade pergunta:

– Mas onde está o portal?

A terceira voz toma a palavra:

– Lobinha, o portal estará sempre no alto de uma montanha. Ele surge por uns instantes, se abre e, ao atravessá-lo, você se transforma, se modifica, tornando-se uma lobinha diferente. Mas até que você chegue a esse portal, sete anos têm de se completar. Serão anos de aprendizados e descobertas. Portanto, a essência de sua missão é encontrar a melhor maneira de viver o ciclo dos sete anos que antecede cada portal.

– Preciso entender melhor – afirmou a lobinha.

– Lobinha, não é possível entender tudo agora. Esta missão não pode ser compreendida em sua totalidade. Mas observe que você está neste momento em uma montanha e, em breve, o terceiro portal se abrirá para que você possa fazer sua passagem, seguindo assim para uma nova etapa de sua missão.

Uma das vozes reiterou:

– Lobinha, se você está neste lugar, neste exato momento, é porque nos últimos sete anos você conseguiu compreender e assimilar o que lhe foi transmitido. Sua pequena vida se expandiu e nós percebemos que podíamos ir além com você. Ao passar pelo terceiro portal na noite de hoje, um novo ciclo de sete anos será iniciado.

A lobinha sinalizou um sim com a cabeça. E colocou-se em posição de reverência.

Cada uma das vozes concedeu à lobinha uma bênção:

– Pequena lobinha, siga seu caminho longe da sua alcateia. Siga com saúde e disposição.

– Pequena lobinha, siga seu caminho longe da sua alcateia. Siga com força e determinação.

Quando a terceira voz foi anunciar sua bênção, começou uma chuva fina que foi ficando cada vez mais forte. Mas a lobinha, mesmo encharcada, permaneceu alerta e atenta à terceira voz, que num tom ainda mais solene evocou a terceira bênção:

– Pequena lobinha, siga seu caminho longe da sua alcateia. Siga com alegria, paz e harmonia.

As vozes silenciaram. As três luzes fizeram um gentil bailado sobre a lobinha e desapareceram na luz de uma estrela. Mesmo sendo muito jovem, a lobinha compreendeu a mensagem das luzes naquele instante. Aguardou e eis que surgiu um portal triangular envolvido por sete cores. Ela passou suavemente pelo terceiro portal. A chuva amainou e a lobinha permaneceu aquela noite na montanha, sentindo o cheiro da terra molhada e o eco das palavras deixadas pelas vozes.

Pela manhã, ela desceu a montanha vagarosamente e, como uma descida de despedida, olhava cada pedra e cada árvore, deixando no ar uma mensagem de até breve.

Quando a lobinha retornou para a alcateia, os olhares se cruzaram em absoluto silêncio, e ela percebeu que este era o momento de partir. Recebeu as bênçãos do lobo pai e da loba mãe, e ternos afagos do lobo irmão e da loba irmã, e de outros lobos e lobas que estavam por perto.

A lobinha primogênita saiu pela estrada de terra para fazer o seu próprio caminho. Andou e correu o quanto pôde ao longo de todo o dia, até encontrar um lugar seguro para repousar. Naquela noite, uivou da maneira mais intensa que já tinha uivado em toda a sua vida.

Ao longo de sua jornada percebeu que havia outros lobinhos e lobinhas que também tinham deixado suas alcateias originais para descobrir novos mundos. A lobinha aprendeu a conviver com alcateias diferentes à medida que a jornada continuava.

Ela seguiu na direção sul, para um lugar muito, muito distante de sua alcateia. Estava mais crescida e tinha que viver a sua vida da maneira mais correta que pudesse. Vivia numa nova alcateia com lobos e lobas muito diferentes dela. Ao longo dos sete anos que se passaram, a lobinha experimentou um ciclo diferente dos dois anteriores; vivenciou sete anos mais reclusos, mais quietos e bem protegida. Quanta ajuda recebeu! Quantos ensinamentos de lobas mais sábias e vividas!

Depois de muito tempo, descobriu que existia um pombo-correio que poderia levar notícias para sua alcateia original. Mãe e pai lobos, assim como o irmão e a irmã lobos, ficavam felizes em saber que a lobinha mais velha estava bem. Claro que nem tudo era contado para eles. Em sua juvenil sabedoria, poupava-os dos acontecimentos mais sofridos.

Sete primaveras se passaram.

Em uma bela noite, a lobinha estava no meio de uma clareira na floresta, próxima de sua nova alcateia, de onde podia avistar uma montanha muito próxima. Ela olhava para a lua cheia, admirando sua grandeza, e via o céu cheio de estrelas. No silêncio da noite escura, todos os ruídos podiam ser ouvidos. Mas havia um ruído diferente naquela noite, parecia uma cantoria, dava para ouvir pandeiros e violões tocando ao longe e, atraída pelo som, a lobinha correu até a parte mais alta da montanha, de onde conseguiu avistar o vale. Aquietou-se e alegrou-se ouvindo a festa no acampamento cigano que estava por ali. Seus olhos contemplavam as luzes das lanternas e os vestidos coloridos bailando.

De repente, a lobinha sentiu seu coração aquecer como da primeira vez em que ouviu as três vozes. E de fato elas estavam chegando. Colocou-se, então, em posição de alerta para ouvir o que as vozes tinham a dizer.

Cada uma das três vozes reforçou as bênçãos de saúde, disposição, força, determinação, alegria, paz e harmonia, e uma delas iniciou:

– Você deixou a sua alcateia original e tem cumprido a tarefa de conhecer e ajudar novas alcateias. Você está pronta para o quarto portal.

Outra voz continuou:

– Lobinha, prepare-se! O próximo ciclo será de muitas lutas e embates. Não pense que será fácil. Muitas dessas lutas e embates vão lhe alegrar e muitas vão lhe fazer sofrer. Porém, com as bênçãos que lhe demos, você terá a proteção necessária para passar por todos os lugares. Esteja firme em seu propósito e lembre-se de sua missão.

O círculo de luz se desfez e desapareceu em uma estrela. A lobinha ficou por um tempo ali, no alto daquela montanha. O quarto portal ergueu-se e, com suas patas firmes, a lobinha passou por ele.

Ao amanhecer, recordou-se das bênçãos recebidas: saúde, disposição, força, determinação, alegria, paz e harmonia, e faz delas o seu escudo. A lobinha se despediu da alcateia onde viveu e foi protegida durante esse período. Era hora de seguir para o norte.

A lobinha já não era mais tão lobinha assim. Agora, estava mais forte e mais conhecedora das alegrias e tristezas do mundo, tornara-se uma loba de fato.

Como já havia sido alertada, enfrentou animais muito ferozes durante a sua trajetória. A loba, que teve sempre seu alimento garantido pela ajuda de outras alcateias, agora deveria prover seu próprio sustento. A floresta onde estava era mais perigosa e mais hostil.

Mas esta mesma floresta reservou para a loba o seu primeiro parceiro de jornada. Ela encontrou um lobo solitário, e se viu mais plena como loba após esse encontro. Mas depois de algum tempo juntos, ambos seguiram, cada qual, o seu próprio rumo.

Sete primaveras se completaram.

Já sabendo que a chegada ao portal se aproximava, novamente iniciou a subida a uma montanha que avistou pelo caminho. Ao anoitecer, já estava no topo. E como das outras vezes, silenciou. O coração da loba se aqueceu, lembrando-a da chegada das luzes. As luzes chegaram fazendo um bailado sobre a loba e proferiam as bênçãos. Mas antes de desaparecerem na luz das estrelas, entregaram-lhe uma pequenina caixa de prata. Ao abrir, a loba encontrara um cordão e um pingente também de prata. Ela observou que o objeto se parecia muito com as formas espirais que as luzes projetavam no céu quando elas apareciam, e que o centro da peça tinha o formato triangular do portal.

– Loba, você está recebendo um pingente mágico. Ele é a lembrança das bênçãos que você carrega consigo. Use-o sempre – disse uma das vozes.

– Nossa! Que presente mais lindo. Usarei e cuidarei bem dele – disse a loba com reverência.

As luzes seguiram o caminho das estrelas.

Ergueu-se o quinto portal naquela montanha e com pegadas seguras, e usando o pingente, a loba passou por ele.

A loba seguiu para as florestas do oeste. Esse novo ciclo reservou uma formação especial de loba. Ela percebeu que agora, além de aprender, também já podia ensinar alguns truques de lobos. Comia, descansava e perambulava nos intervalos.

Num desses intervalos, ela conheceu um lobo, de uma grande alcateia. Foi recebida por todos os lobos e lobas de maneira muito afável, mas também teve de demarcar ali o seu espaço. Mesmo se sentindo feliz, percebeu que a sua missão não se limitava àquela alcateia, e decidiu preparar-se para sua nova jornada. Antes de seguir estrada, descobriu que está gestando um filhote. Ao nascer seu filhote, sentiu o quanto seus olhinhos brilhavam, cheios de vida. Ele logo aprendeu os truques dos lobos. A loba sabia que teria de contar com essa alcateia no cuidado de seu filhote, para poder seguir sua jornada.

A loba seguiu para outra floresta, não muito longe dali. Comia, descansava e perambulava nos intervalos. E num desses intervalos conheceu outro lobo, de uma alcateia ainda maior. Seu coração se aqueceu muito ao conhecê-lo. E teve com ele uma lobinha, muito esperta e que também logo aprendeu os truques dos lobos. A loba recebeu muito apoio deste seu companheiro lobo. Recordava-se diariamente das bênçãos recebidas: saúde, disposição, força, determinação, alegria, paz e harmonia, e percebia o quanto cada bênção se fazia presente até aquele momento.

Seus filhotes estavam sempre juntos, fazendo com que seu coração de loba mãe se alegresse a cada encontro.

Um novo ciclo de sete primaveras se completou. E desta vez, a loba resolveu partir para uma montanha mágica. Ela, definitivamente, escolheu em qual montanha queria estar para passar pelo sexto portal. A loba soube de uma região de penhascos lindos, do outro lado do rio, perto do mar, que era chamada região de Hÿah. Fez uma longa jornada até chegar aos penhascos. Foram precisos três dias e três noites para chegar até lá.

Estando na parte mais alta e ao ver o pôr do sol, o coração da loba se aqueceu, lembrando-a do encontro com as luzes. As três luzes chegaram e proferiram as sete bênçãos solenemente.

As luzes fizeram um gentil bailado sobre a loba, como da primeira vez, e desapareceram na luz de uma estrela. Agora, já mais vivida, a loba compreendeu a mensagem das luzes ao longo de todos esses anos.

Aguardou e passou pelo sexto portal. A loba, já com alguns pelos grisalhos, passou por ele: firme e altiva. O vento do penhasco assobiava. A loba uivou para o luar e depois fez um longo silêncio.

Estão sendo estações intensas: invernos longos, outonos febris, verões causticantes e primaveras exuberantes! Não se sabe muito bem onde está a loba neste momento. Sabe-se apenas que ela seguiu em direção às águas do leste. Dizem que ela está muito feliz se preparando para passar pelo sétimo portal, seguindo as regras gerais para a vida dos lobos: comendo, descansando, perambulando nos intervalos, sendo leal, amando os seus filhotes, queixando-se somente ao luar, transmitindo seus conhecimentos de loba, aprendendo com outras alcateias, apurando cada dia mais os ouvidos, cuidando dos ossos, fazendo amor e uivando sempre...

COMO CONDUZIR UM TRABALHO EM EQUIPE UTILIZANDO NARRATIVAS

Realize quatro encontros, cada um deles com duração média de 2 horas, compostos das seguintes etapas:

- Narre o conto escolhido para o encontro.
- Estimule a reflexão individual sobre o que considerou mais interessante na narrativa.
- Crie espaço para compartilhamento.
- Registre as conexões entre as "funções invariantes" e as "constantes básicas do viver humano".
- Elabore um cartaz com os principais pensamentos trazidos pelos participantes, bem como a coleta de palavras sintetizadoras trazidas individualmente, como fechamento da atividade.
- Utilize os ativadores criativos que tiverem correlação com a narrativa que escolher.
- Proponha a elaboração de uma autobiografia criativa ao final dos quatro encontros.

Os registros apresentados a seguir revelam parte dos momentos de reflexão de um grupo de profissionais em uma instituição, em relação a cada conto apresentado. Cada participante deu voz à sua reflexão pessoal num clima amistoso e com um crescente nível de confiança, interação e reciprocidade.

Por tratar-se de narrativas carregadas de possibilidade de manifestações emocionais, não raro, um ou outro participante demonstrou ter encontrado algum trecho mais contundente, que efetivamente o mobilizava.

Havia um ambiente de profundo respeito e, acima de tudo, conseguimos estabelecer conexões significativas que foram a gênese para mudanças perceptíveis de comportamentos por parte de alguns participantes, e também inovações na instituição.

Encontro utilizando o conto "O Rouxinol"

Antes da leitura propriamente dita da narrativa, no primeiro encontro foram trazidos recortes teóricos que davam o sentido da análise dos contos de fadas como instrumento de reflexão pessoal e coletiva, na busca de autoconhecimento e criatividade. Destaque foi dado para as funções e estruturas de construção da narrativa, que depois foram usadas na confecção dos resultados desta pesquisa.

No primeiro encontro, é perceptível uma leitura otimista do conto. Observando-se as palavras finais, todas elas expressam luminosidade. Ressalta-se aqui o nível de motivação expressa por todos os participantes, denotando uma preocupação do grupo com a sustentabilidade do encontro e a continuidade das ações previstas. Apesar do interesse explícito, a correlação entre as invariantes em narrativas complexas e as constantes básicas do viver humano não foram feitas com muita facilidade, demandando uma retomada teórica sempre que surgia a necessidade e a oportunidade. O ativador criativo mais utilizado neste encontro foi o *brainstorm*.

O Quadro 16 apresenta a coleta do primeiro encontro, em que o conto narrado foi "O Rouxinol", de H. C. Andersen, pouco conhecido pelo grupo.

QUADRO 16 – REGISTROS DO ENCONTRO
SOBRE O CONTO "O ROUXINOL"

Funções	Coleta das reflexões dos participantes
Crise	"[...] Eu acho que o rouxinol não tinha uma crise só dele. A crise era o rei que queria prender ele (sic) [...]." / "[...] grifei uma parte legal que fala de quando o rouxinol foi substituído por um rouxinol mecânico. Acho que aí começa uma crise do pássaro [...]."
Aspiração	"Para mim o desejo do rouxinol era de ser livre e fazer o bem para outras pessoas e não somente para um rei." / "O rouxinol tinha o desejo de não ficar preso, mesmo numa gaiola real de ouro puro. O verdadeiro ouro era a liberdade dele."

Viagem	"A viagem do rouxinol para dentro do palácio é uma tentativa de mudar de vida. De uma certa maneira era experimentar, mesmo forçado, uma outra vida." / "Para mim, quando ele foge, mostra para o rei que a liberdade dele valia mais." / "Grifei só umas palavras soltas: cantar novamente, meu precioso rouxinol, melhor ao ar livre, foram essas que me marcaram."
Desafio	"Pra mim, o talento que o rouxinol tinha não podia ficar guardado num lugar só, o desafio era sair dali." / "Acho que competir com uma máquina que era o rouxinol falso, era muito desleal. Isso desmotivou o rouxinol de verdade."
Mediação	"Para mim quem ajuda quem (sic) é o rouxinol que ajuda o rei. Ele (o rei) estava quase morrendo quando o rouxinol fica cantando na sua janela."
Conquista	"Acho que a alegria do rouxinol na janela, depois que o rei se recuperou, é um grande símbolo do sucesso do rouxinol. Ele fazia o que fazia de melhor e com a coisa mais importante para ele, que era a liberdade." / "Para mim, quando eu posso colocar o que é meu talento para meus alunos, eu me sinto feliz... e agora, pensando nesse conto, caiu uma ficha (sic) do quanto que eu sou feliz no meu trabalho aqui."
Palavras registradas nos cartazes	"Alegria, liberdade, talento, entusiasmo, emoção, conexão, felicidade, empenho, devoção, paixão, talento, força, frágil, livre, ajuda, prisão, grade, não liberdade, cativeiro, ouro, dinheiro, alpiste, comida, segurança, conforto, proteção, olhar de dentro, parado, dependente, liberdade, céu, azul, livre, solto, fluir, vento, sopro, olhar de cima, canto, talento, serviço, dom, sem proteção, sensível, delicado, frágil, movimento, independente."
Produto do encontro	Todos os participantes fizeram um registro de suas melhores características pessoais e seus talentos. A correlação do conto com a possibilidade de se realizar algo com sentido e liberdade foi a tônica do encontro. Cada participante anotou aspectos que precisa aprimorar no ponto de vista individual.

Fonte: Elaborado pela autora com base no encontro do dia 17/09/2010, com 10 profissionais.

Encontro utilizando o conto "O Pinheirinho"

Diferentemente da primeira narrativa, este segundo encontro teve um caráter mais introspectivo, peculiar ao conto. As palavras trazidas no fechamento da atividade denotam o peso do tema, e os participantes saíram muito reflexivos após o encontro.

O ativador criativo do Projeto Vital foi utilizado neste encontro, uma vez que tem correlação direta com a narrativa.

O Quadro 17 apresenta os relatos colhidos após a narrativa de "O Pinheirinho".

QUADRO 17 – REGISTROS DO ENCONTRO
SOBRE O CONTO "O PINHEIRINHO"

Funções	Coleta das reflexões dos participantes
Crise	"[...] achei muito engraçado esse tal de pinheirinho... não conhecia esse conto. Ele é muito mal-humorado. Parece um pouco comigo." / "[...] ele tem um problema muito sério, pois não aceita o passado e vive pensando no futuro, nunca está satisfeito com nada."
Aspiração	"[...] ele quer ser um sucesso de pinheiro. Acho que ele quer ser aceito. Quando ele fica se vangloriando para os ratinhos, me passa uma coisa de autoafirmação, sei lá (sic)." / "A aspiração dele, o sonho dele é [...] ele nem sabe bem, ele é muito ansioso para saber qual é o próprio sonho dele."
Viagem	"O que eu grifei no livro foi a parte em que ele, ainda na floresta [...] plantadinho [...] sonhava em ser mastro de barco, depois vira árvore de Natal e depois vira lenha. Parece com a vida da gente, quando nasce, cresce e depois morre." / "Vou completar o que minha colega disse, que a gente nasce, vai crescendo e depois vai embora, é que ele viveu sem ter vivido, porque não aproveitou o momento do presente, não é estranho? Acho que esse pinheiro parece demais com as pessoas que não dão valor para o que têm." / "É legal que ele no final do conto grita: 'agora, sim, eu vou viver', dá para ver ele falando, parece quando a gente está empolgado com algum projeto legal."
Desafio	"O pinheirinho tinha muitos desafios; apesar de ansioso demais ele estava sempre em busca de novas experiências, claro que pela rapidez que ele fazia tudo não dava tempo de curtir muito nada, mas pude ver nele esse aspecto que falta um pouco em mim, porque eu planejo demais tudo." / "No meu caso é o contrário [...] (risos) [...] eu me vi muito com esse desafio de planejar um pouco mais a minha vida, principalmente lá em casa. Quando vejo, a semana já acabou."

Mediação	"Ele não valorizou muito os amigos que ele teve por perto." / "é mesmo [...] não tinha percebido isso [...] ele não tinha muitos amigos, e por ficar só contando vantagem do passado, ele espantou os poucos amigos que ele tinha." / "Nossa! (sic) Fiquei preocupado. Hoje mesmo vou ligar para uns amigos. Não quero secar meus galhinhos feito um pinheirinho murcho sem meus amigos perto de mim."
Conquista	"A conquista do pinheiro é triste, acontece quando ele, no final do conto, diz que está tudo acabado para ele mesmo." / "[...] a conquista é nossa ao ver que a gente tem que ter mais tempo para pensar no que a gente faz de verdade pra gente e não para aparecer para os outros."
Palavras registradas nos cartazes	"Planejamento, amizade, solidão, ansiedade, plano, sonhos, sucesso, medo, morte, viver o presente e o agora."
Produto do encontro	Cada participante elencou sonhos e metas que gostaria de realizar. Cada um criou um calendário para si mesmo, para organizar melhor suas tarefas e traçar metas de curto, médio e longo prazos. Durante o encontro foram utilizados recortes de revistas e ilustrações pessoais para dar sentido figurativo às metas.

Fonte: Elaborado pela autora com base no encontro do dia 15/10/2010, com 11 profissionais.

Encontro utilizando o conto "O Traje Novo do Imperador"

O Quadro 18 apresenta os registros do compartilhamento de um conto mais conhecido. Ressalta-se aqui a percepção mais clara e objetiva da correlação entre as invariantes em narrativas complexas e as constantes básicas do viver humano. A familiaridade com o conto possivelmente favoreceu a construção das analogias, metáforas e conexões.

O caráter aparentemente cômico desta narrativa permitiu certa leveza na condução do encontro, e o ativador criativo mais utilizado foi o jogo linguístico e a analogia inusual. No entanto, à medida que a leitura do conto acontecia, os participantes se conscientizavam da mensagem que eles mesmos conseguiam extrair da narrativa. O clima permaneceu agradável, porém, havia foco no compartilhamento pessoal, de forma muito intensa, sobre o tema verdade e autenticidade.

QUADRO 18 – REGISTROS DO ENCONTRO
SOBRE O CONTO "O TRAJE NOVO DO IMPERADOR"

Funções	Coleta das reflexões dos participantes
Crise	"Esse rei tinha o rei na barriga (risos de todos). Ele queria aparecer mais que ele mesmo." / "Pra mim tem uma crise de valores das pessoas que estavam em volta dele que só bajulavam e não se davam ao direito de dizer a verdade."
Aspiração	"Consigo ver, não sei se está certo, mas consigo ver a aspiração nos personagens dos costureiros falsos, eles sabiam o tempo todo o que queriam e fizeram benfeito o trabalho de enganar; não é um bom exemplo, mas me ajudou a pensar que eu me dedico assim que eu quero algo." / "A vontade e o sonho do rei é para mim a aspiração desse conto. É uma vontade meio torta (sic) mas é uma vontade."
Viagem	"O cortejo, para mim, foi o que eu marquei para representar a viagem, pois tem esse sentido de sair de um lugar e ir ao outro. E na vida da gente, a gente paga cada 'mico' (sic) nesse caminho." / "Acho que tem uma viagem quando o rei busca ser mais bonito, na verdade pode expressar nossa busca por ser melhor, e quando a gente erra nessa busca, fazendo aliança com que não faz nada para nos ajudar."
Desafio	"Vi claramente o desafio de ser aceito pelas pessoas do reino. Acho que a gente é meio assim (sic) também, quer se fazer melhor para ser aceito pelo grupo que a gente faz parte. Para mim o desafio é a verdade sempre." / "Ficar nu diante de mim mesmo é o maior desafio no momento."
Mediação	"[...] tem aquela hora em que a criança diz que o rei está nu, é muito boa. Gostei muito. Essa pureza dos amigos que falam a verdade nua e crua pra gente é muito bom (sic)." / "Tem também os amigos da onça (sic) que só falam coisas boas pra gente e não falam a verdade." / "Os conselheiros que deveriam ser os mediadores, não foram."
Conquista	"Penso que a coragem do rei de se perceber nu e mesmo assim continuar firme e caminhando é uma conquista. É como se ele provasse do próprio veneno da vaidade dele e aprendesse uma lição bem forte [...] essa foi a conquista que vi e achei muito bacana ver isso."
Palavras registradas	"Autenticidade, coragem, medo da rejeição, ego, insensato, confiança em mim e no outro, generosidade, verdade, ética."
Produto do encontro	Cada participante foi convidado a sair da sala e buscar um elemento da natureza que representasse o seu momento pessoal. Tal objeto iria representar alguma palavra colhida pelo participante durante o encontro.

Fonte: Elaborado pela autora com base no encontro do dia 12/11/2010, com 9 profissionais.

Encontro utilizando o conto "O Patinho Feio"

No Quadro 19, é possível verificar o nível de *insights* que reiteram a correlação entre as invariantes em narrativas complexas e as constantes básicas do viver humano.

A marca desse encontro foi a surpresa em relação ao personagem, num primeiro momento tido como bastante conhecido do imaginário popular, mas que, no entanto, nesse contexto, foi trazido como uma intensa possibilidade de clarificação do processo de autodescoberta e reconhecimento da identidade pessoal.

QUADRO 19 – REGISTROS DO ENCONTRO
SOBRE O CONTO "O PATINHO FEIO"

Funções	Coleta das reflexões dos participantes
Crise	"Sabe que eu nunca tinha parado para pensar que era um cisne o tempo todo [...] (risos) acredito que a tal crise era justamente essa então, ele não sabia quem ele era de fato." / "Ficou mais forte para mim quando a mãe dele, a pata, queria se livrar dele porque ele era feio [...] que triste isso [...] mexeu comigo."
Aspiração	"Acho que ele nem sabia que tinha um sonho. O sonho foi vindo à medida que as coisas iam acontecendo na vida dele. Acho que ela já vinha dentro dele, como se fosse uma luz, uma ideia de que a vida dele não era aquela."
Viagem	"Consegui ver claramente a questão da viagem nesse conto. Nos outros eu vi, mas só depois que os colegas comentaram. Nesse eu vi sozinha [...] esse movimento que ele sai de casa literalmente. Isso aconteceu comigo quando eu era mais nova, que tive que me virar (sic) sem meus pais perto de mim." / "Muito interessante esse movimento do cisne [...] assim como a colega falou antes, eu nunca tinha me tocado que era um cisne, sempre achei que era pato mesmo. E essa saída da vida que ele não queria é muito simbólica mesmo [...] mexeu comigo."
Desafio	"Acredito que o desafio maior dele era ele mesmo [...] aceitar quem ele era, como ele era, mesmo que fosse uma coisa legal (sic) era como se fosse uma mudança de personalidade. O desafio estava dentro dele." / "Esse conto é muito forte. Apesar de ser bem conhecido, nunca tinha lido com tanta profundidade."
Mediação	"Aqui fica claro os amigos que o patinho teve que o ajudaram na hora em que ele mais precisava. Em um dos contos, acho que foi em outubro, a gente falou da solidão e da amizade [...] esses pontos estão presentes aqui de novo, mas diferente, nesse tem vida e não morte, tem amigos e não solidão."

Conquista	"Posso dizer o que eu grifei? Eu grifei assim lá na página 63: 'vendo de súbito na água silenciosa seu reflexo – ele na verdade era um cisne' [...] vou confessar que me emocionei ao ler isso. Sempre ouvi a minha tia lendo esse conto, mas jamais tinha passado pela minha mente que esse final me emocionaria na vida adulta e me faria ver aspectos meus que até hoje eu mesma não tinha visto. Foi muito bom."
Palavras registradas	"Autoconhecimento, autoimagem, verdade, amigos, jornada, deixar para trás o passado, autodescoberta, coragem, saber do nosso lugar no mundo."
Produto do encontro	Cada participante escreveu um texto para si mesmo, chamado "carta para o futuro", descrevendo-se depois de 12 meses como gostaria de estar, principalmente levando em conta algum sonho que quisesse ter realizado.

Fonte: Elaborado pela autora com base no encontro do dia 10/12/2010, com 10 profissionais.

O final dos quatro encontros com as quatro narrativas inspirou um projeto que trouxe temas ligados à gestão do tempo, trabalho em equipe, meta de aprendizagem, autoconhecimento e inovação.

Foram meses intensos de aprendizado e compartilhamento, momentos estes em que os quatro contos tiveram relevância para o processo criativo.

O nível de contribuição em relação aos temas foi sendo aprimorado encontro a encontro, dando consistência e seriedade ao processo. Houve relatos de ampliação do repertório pessoal para a solução de problemas, inovação de produtos e melhoria de processos na instituição.

ATÉ BREVE!

A criatividade pode representar um estilo de vida, um modo de trabalho, uma forma de relacionamento e até mesmo se tornar um instrumento para tomar decisões, solucionar desafios e implantar inovações. Procurei trazer para perto das reflexões sobre as dimensões pessoa, ambiente, produto e processo.

A **dimensão pessoa**, com sua singularidade e complexidade, esteve presente primeiramente nos próprios autores aqui trazidos, cuja criatividade em suas diversas abordagens é inegável. Esta dimensão pode ser representada nesta obra, também, pelos participantes dos encontros que conduzo, que em geral estão sempre buscando a realização de algo novo em suas vidas, em processo de autoconhecimento, e são sensíveis aos problemas a sua volta. A dimensão pessoa está em você, que buscou, se interessou e conheceu um pouco mais desses temas à luz das contribuições desta obra.

A **dimensão ambiente** está no dia a dia, quando uma organização abre suas portas, criando um espaço propício para o compartilhamento, o diálogo e a abertura, permitindo que ocorram encontros de formação num nível bastante profundo e mobilizador.

A **dimensão produto e inovação** está aqui presente em suas mãos, afinal de contas um livro é sempre fruto de um processo de criação. O ato criador manifesta-se, gerando algum tipo de novidade, valor agregado, paixão e relevância social.

A **dimensão processo** foi amplamente abordada, uma vez que por meio de metáforas e analogias foi possível conhecer melhor a amplitude do processo criativo e sua importância. Ainda dentro da dimensão processo, foram trazidos alguns ativadores criativos, gerando maior compreensão de seus métodos. Esse conhecimento dos ativadores foi oportuno, por ter me dado também condições de conectá-los às narrativas que escolhi compartilhar com você.

A **autobiografia** surge como uma importante ferramenta dentro do processo de individuação e desenvolvimento pessoal, auxiliando a melhoria da vida interior e, consequentemente, a saúde da vida criativa.

No caso das **narrativas**, partiu-se da visão geral e chegou-se até a especificidade da narrativa infantil, passando pela leitura e escolha de obras de Andersen.

A descoberta das narrativas infantis contribuiu amplamente para este trabalho. Inicialmente foram abordadas as questões referentes às narrativas de modo geral. Nesse caso, percebeu-se que as diversas formas de narrativas auxiliam no aumento de repertório cultural geral e na compreensão dos símbolos e seus significados nos mais variados contextos artísticos, religiosos e literários. Outro aspecto marcante nesse ponto inicial sobre as narrativas em geral é o fato de o interesse humano estar mais direcionado para as digressões, os aclives e os declives, do que necessariamente para uma linha monocromática nas construções textuais.

Em relação ao uso das narrativas infantis em particular, constatou-se que o acesso aos elementos inconscientes, à imaginação e às informações arquetípicas deu o tom para consolidá-las como uma importante ferramenta, tanto para a estimulação da criatividade quanto para a evocação de temas pertinentes ao processo de autoconhecimento.

Quanto à importância das narrativas infantis no que diz respeito à criatividade, a expressão "era uma vez" foi a pista fundamental para esta constatação, por carregar em si mesma uma infinidade de possíveis caminhos, possíveis respostas. O clássico chamamento pode funcionar como um ativador criativo muito útil e de fácil compreensão.

Ainda sobre as narrativas infantis, elas também colaboram para o autoconhecimento, e esta constatação passa pelas questões ligadas à sua estrutura. Ao compreender a sequência das invariantes presentes ao longo de uma narrativa infantil, é possível fazer uma correlação direta com os momentos de vida de cada pessoa. As narrativas infantis se assemelham às histórias de vida, e as etapas dentro da estrutura das narrativas podem ser entendidas como placas sinalizadoras ao longo da viagem pessoal de autoconhecimento.

Portanto, chegamos à conclusão de que: sim, as narrativas infantis podem ser úteis para o autoconhecimento dos adultos atuantes no mundo organizacional, ampliando a criatividade e estimulando a inovação.

Concluir é olhar para o começo.

Era uma vez dentro de nós! cumpre aqui sua missão, provocando reflexões e suscitando a curiosidade.

Era uma vez dentro de nós! representa as várias pessoas dentro da mesma pessoa, os diversos mundos arquetípicos, os diversos papéis sociais, os diversos níveis de consciência.

Era uma vez dentro de nós! estimula outra possibilidade de título: Era uma vez dentro dos nós...! Sim, dentro dos nós, das tramas, das conexões, das soluções criativas para as situações adversas e seus reve.

Era uma vez dentro de nós! é muito mais que um título. É a constatação de que a criatividade nasce muitas vezes de um processo solitário, individual, mas que só se realiza e materializa de forma coletiva, social e compartilhada.

Então... até breve!

O que o traz ao caminho da criatividade interior, ó viajante?
Você procura conhecer a si mesmo?
Talvez você queira realizar seu pleno potencial humano.
Leia, medite, pratique – até que, com a vontade esgotada,
você se renda em profunda humildade.
Então, envolvido por sua experiência de unidade com o universo,
acha que estará iluminado?
Será essa sua nova identidade?
Na jornada da criatividade interior
você viaja do separado para a unidade.
Quando todas as estruturas de sua identidade
cederem lugar a uma profunda fluidez,
só então haverá a infindável celebração.
Essa flor não tem nome,
apenas fragrância
(GOSWAMI, 2006, p. 230).

REFERÊNCIAS

ALENCAR, Eunice M. L. Soriano de. Promovendo um ambiente favorável à criatividade nas organizações. **Rev. Administrção de Empresas**, São Paulo, vol. 38, n. 2, junho 1998. Disponível em: <http://www.scielo.br/scielo.php?script=sci_arttext&pid=S0034-7590 1998000200003&lng=en&nrm=iso>. Acesso em: 16 fev. 2013.

_____; FLEITH, Denise de Souza. **Criatividade**: múltiplas perspectivas. 3. ed. Brasília: Universidade de Brasília, 2003.

_____. **Desenvolvimento de talentos e altas habilidades**: orientação a pais e professores. Porto Alegre: Artmed, 2007.

AMABILE, Teresa; KRAMER, Steven. **O princípio do progresso**: como usar pequenas vitórias para estimular satisfação, empenho e criatividade no trabalho. Rio de Janeiro: Rocco, 2013.

ANDERSEN, Hans Christian. **Contos de Hans Christian Andersen**. Silva Duarte e Nelly Novaes Coelho (Trad.). São Paulo: Paulinas, 2011. Coleção Contos da Fonte.

BARTHES, Roland. **Roland Barthes por Roland Barthes**. São Paulo: Cultrix, 1975.

BETTELHEIM, Bruno. **A psicologia dos contos de fadas**. Rio de Janeiro: Terra e Paz, 1980.

BOTTON, Alain. **Religião para ateus**. Rio de Janeiro: Intrínseca, 2011.

BURKHARD, Gudrun Kroekel. **Tomar a vida nas próprias mãos**: como trabalhar na própria biografia o conhecimento das leis gerais do desenvolvimento. 4. ed. São Paulo: Antroposófica, 2010.

CAMPBELL, Joseph. **O herói de mil faces**. São Paulo: Cultrix/Pensamento, 1992.

_____. **O poder do mito**. 16. ed. São Paulo: Palas Athena, 1998.

CASSIRER, Ernest. **Linguagem e mito**. São Paulo: Perspectiva, 1959.

CHURBA, Carlos Alberto. **La creatividad**: um enfoque dinamizador de las personas y las organizaciones. Buenos Aires: Dunken, 1995.

COELHO, Nelly Novaes. **Literatura infantil**: teoria, análise e didática. São Paulo: Moderna, 2000.

_____. **O conto de fada**: símbolos-mitos-arquétipos. São Paulo: Paulinas, 2008.

_____. Revisitando o universo de Hans Christian Andersen. In: ANDERSEN, Hans Christian. **Contos de Hans Christian Andersen**. Silva Duarte e Nelly Novaes Coelho (Trad.). São Paulo: Paulinas, 2011. p. 5-19. Coleção Contos da Fonte.

COLLURA, Salvatore (s/d). **As várias formas de criatividade por Rollo May e suas definições**. Disponível em: <http://www.academia.edu/720177/as_varias_formas_de_criatividade_por_Rollo_May_e_suas_definicoes>. Acesso em: 20 maio 2013.

CONDE, Graciela Aldana de. **La travessia creativa**. Assumiendo las rendas del cambio. Bogotá: Creatividad e Innovación, 1995.

CORSO, Diana L.; CORSO, Mário. **Fadas no divã**: psicanálise nas histórias infantis. Porto Alegre: Artmed, 2006.

COSTA, Helena Gil da. **Criatividade na educação**: necessidade, dimensões principais e autorrealização, 2002. Disponível em: <http://www.iacat.com/1-cientifica/criatividade.htm>. Acesso em: 23 ago. 2013.

CSIKSZENTMIHALYI, Mihaly. **Gestão qualificada**: a conexão entre a felicidade e negócio. Porto Alegre: Bookman, 2004.

ESTÉS, Clarissa Pinkola. **Contos dos Irmãos Grimm**. Lia Wyler (Trad.). Rio de Janeiro: Rocco, 2005.

_____. **Mulheres que correm com os lobos**. Rio de Janeiro: Rocco, 1994.

ESTRADA, Rita. **Era uma vez**: emoções, defesas e fantasias. Porto: Universidade Fernando Pessoa, 2011. eBook.

ESTRADA, Rui et al. On the utility of the humanities. **Research on Humanities and Social Sciences**, Porto, vol. 11, n. 3, p. 79-85, 2013. Disponível em: <http://www.iiste.org/Journals/index.php/RHSS/article/view/6952/7089>. Acesso em: 28 dez. 2013.

FARIAS, Carlos Aldemir. Mitos, fábulas e histórias da tradição: para além do tempo e do espaço. In: ALMEIDA, Cleide; PETRAGLIA, Izabel (Org.). **Estudos de complexidade**. São Paulo: Xamã, 2012. vol. 5, p. 51-64.

FELDMAN, Liliane Bauer; RUTHES, Rosa Maria; CUNHA, Isabel Cristina Kowal Olm. Criatividade e inovação: competências na gestão de enfermagem. **Rev. Bras. Enferm.**, vol. 61, n. 2, p. 239-242, 2008. Disponível em: <http://www.scielo.br/scielo.php?script=sci_arttext&pid=S0034-71672008000200015 &lng=pt&nrm=iso>. Acesso em: 16 fev. 2013.

FRANZ, Marie-Luise von. **A interpretação dos contos de fadas**. São Paulo: Paulus, 1990.

FREUD, Sigmund. **Edição standard brasileira das obras psicológicas completas de Sigmund Freud**: a interpretação dos sonhos. Rio de Janeiro: Imago, 1900/1972. vol. IV, p. 39-363.

_____. escritores criativos e devaneios. Rio de Janeiro: Imago, 1908/1976. vol. IX, p. 131-143.

_____. O ego e o id e outros trabalhos. Rio de Janeiro: Imago, 1923/1925. vol. XIX, p. 25-80.

GARCIA-ROZA, Luiz Alfredo. **Freud e o inconsciente**. Rio de Janeiro: Jorge Zahar, 1992.

GOSWAMI, Amit. **Criatividade quântica**: como despertar o nosso potencial criativo. São Paulo: Cultrix, 2006.

GREGORIN FILHO, José Nicolau. **Literatura infantil em gêneros**. São Paulo: Mundo Mirim, 2012.

HATCH, Mary Jo. Explorando os espaços vazios: jazz e estrutura organizacional. **Revista Administração de Empresas**, São Paulo, vol. 42, n. 3, p. 608-620, 2002. Disponível em: <http://dx.doi.org/10.1590/S0034-75902002000300003>. Acesso em: 16 fev. 2013.

ISAKSEN, Scott G. Educational implications of creativity research: an updated rationale for creative learning. In: KAUFMANN, G.; GROUNHAUG, K. (Ed.). **Innovation**: a cross-disciplinary perspective. Oslo: Norwegian University Press, 1998. p. 167-203.

_____; LAUER, K. J. Perception of the best climate for creativity: preliminar validation evidence for situational outlook questionnaire. **Creativity Research Journal**, vol. 13, n. 2, 2000.

JUNG, Carl Gustav. **Obras Completas de Jung**: estudos sobre a Psicologia Analítica. Petrópolis: Vozes, 1981. vol. VII.

_____. **Obras completas de Jung: a vida simbólica** – escritos diversos. Petrópolis: Vozes, 1997. vol. XVIII/I.

KNELLER, George F. **Arte e ciência da criatividade**. São Paulo: Ibrasa, 1973.

LAROS, Jacob A.; PUENTE-PALÁCIOS, Katia E. Validação cruzada de uma escala de clima organizacional. **Estudos de Psicologia**, Natal, vol. 9, n. 1, p. 113-119, 2004. Disponível em: <http://www.scielo.br/scielo.php?script=sci_arttext&pid=S1413-294X20040001 00013&lng=pt&nrm=iso. Acesso em: 22 mar. 2014.

LUZ, Ricardo. **Gestão do clima organizacional**. Rio de Janeiro: Qualitymark, 2003.

MARQUES, António. Autoconhecimento, introspecção e memória. **Cad. CRH**, vol. 25, p. 13-22, 2012. Disponível em: <http://dx.doi.org/10.1590/S0103-49792012000500002>. Acesso em: 7 ago. 2013.

MARTINEZ, Monica. **Jornada do herói**. São Paulo: Annablume, 2008.

MELLON, Nancy. **A arte de contar histórias**. Rio de Janeiro: Rocco, 2006.

MICHELLI, Regina. Contos fantásticos e maravilhosos. In: GREGORIN FILHO, José Nicolau. **Literatura infantil em gêneros**. São Paulo: Mundo Mirim, 2012. p. 26-56.

MILLER, Joseph Hillis. Narrative. In: LENTRICCHIA, Frank; McLaughlin, Thomas. **Critical terms for literary study**. Chicago: University of Chicago Press, 1990. p. 66-79.

_____. **Reading Narrative**. Norman: University of Oklahoma Press, 1998.

_____. **On Literature**. New York: Routledge, 2002.

MOREIRA, Maria Elisa. O patinho feio vai trabalhar: o autoconhecimento. **Revista Qualimetria**, n. 208, p. 82-85, dez. 2008.

_____. O patinho feio vai trabalhar: a autenticidade. **Revista Qualimetria**, n. 210, p. 90-91, fev. 2009a.

_____. O patinho feio vai trabalhar: o entusiasmo. **Revista Qualimetria**, n. 212, p. 92-94, abr. 2009b.

_____. Contos de fadas: uma possibilidade de uso em treinamento e desenvolvimento. **Revista Qualimetria**, n. 222, p. 62-63, fev. 2010a.

_____. **Liderar não é preciso**: um guia prático para o dia a dia dos líderes. São Paulo: Paulinas, 2010b.

MYERS, Isabel Briggs; MYERS, Peter B. **Ser humano é ser diferente**: valorizando as pessoas por seus dons especiais. São Paulo: Gente, 1997.

NACHMANOVITCH, Stephen. **Ser criativo**. São Paulo: Summus, 1993.

NORGAARD, Mette. **O Patinho Feio vai trabalhar**: a sabedoria dos clássicos de H. C. Andersen aplicada ao ambiente de trabalho. São Paulo: DVS, 2007.

OSBORN, Alex. **O poder criador da mente**. São Paulo: Ibrasa, 1972.

OSTROWER, Fayga. **Criatividade e processos de criação**. 29. ed. Petrópolis: Vozes, 2013.

PETRAGLIA, Izabel; VASCONCELOS, Maria Aparecida Flores de Cintra. Contos de fadas: histórias de todos os tempos. Origens no imaginário do sujeito complexo. I Congresso Internacional de Filosofia da Educação de Países e Comunidades de Língua Portuguesa, São Paulo. **Anais do I Congresso Internacional de Filosofia da Educação de Países e Comunidades de Língua Portuguesa**. vol. 1, 2009.

PINK, Daniel. **Motivação 3.0**: os novos fatores motivacionais que buscam tanto a realização pessoal quanto profissional. Rio de Janeiro: Elsevier, 2010.

PRADO, David de. **Manual de Activación Creativa**. Santiago de Compostela: Centro de Estudios Creativos (Lubrican), 1987.

_____. **Tecnicas Creativas Y Lenguaje Total**. Santiago de Compostela: Tórculo Artes Gráficas, 1996.

PREDEBON, José. **Criatividade hoje**: como se pratica, aprende e ensina. 3. ed. São Paulo: Atlas, 2003.

_____. **Criatividade: abrindo o lado inovador da mente** – um caminho para o exercício prático dessa potencialidade, esquecida ou reprimida quando deixamos de ser crianças. 5. ed. São Paulo: Atlas, 2006.

PRIETO, Heloísa. **Quer ouvir uma história?** Lendas e mitos do mundo da criança. São Paulo: Angra, 1999.

PROPP, Vladimir Iakovlevitch. **Morfologia do conto maravilhoso**. Rio de Janeiro: Forense Universitária, 2010.

PUENTE-PALÁCIOS, Kátia Elizabeth. **A influência das características pessoais e ambientais na avaliação do clima social do trabalho**. Laboratório de Psicologia Ambiental, Universidade de Brasília, vol. 4, n. 9. 1995. Disponível em: <http://www.unb.br/ip/lpa/pdf/tlp19950409.pdf>. Acesso em: 9 set. 2006.

REIS, Emerson; RIBEIRO, Giovani. Contribuição ao estudo das dimensões da criatividade e sua relação com o ensino de tecnologia. **Revista Sinergia**, São Paulo, vol. 11, n. 1, p. 31-37, jan.-jun. 2010. Disponível em: <http://www.cefetsp.br/edu/prp/sinergia/complemento/sinergia_2010_n1/pdf_s/segmentos/ artigo_04_v11_n1.pdf>. Acesso em: 16 fev. 2013.

ROBBINS, Louis B. **O despertar da criatividade**. São Paulo: Gente, 1995.

ROCHA, Everardo. **O que é mito**. São Paulo: Brasiliense, 2008.

ROCHA, Zeferino. **O papel da ilusão na psicanálise freudiana**. Rio de Janeiro: Ágora. vol. 15, n. 2, p. 259-271, 2012. Disponível em: <http://dx.doi.org/10.1590/S1516-14982012000200004>. Acesso em: 23 jan. 2014.

SANMARTIN, Stela Maris. **Criatividade e inovação na empresa**: do potencial à ação criadora. [Colaborador David de Prado]. São Paulo: Trevisan Universitária, 2012.

SCHEIN, Edgard H. **Cultura organizacional**. São Paulo: Atlas, 2001.

SHANSIS, Flávio et al. Desenvolvimento da versão para o português das Escalas de Criatividade ao Longo da Vida (ECLV). **Revista Psiquiatr.**, Rio Grande do Sul, vol. 25, n. 2, p. 284-296, 2003. Disponível em: <http://www.scielo.br/scielo.php?script=sci_arttext&pid=S0101-81082003000200005&lng=pt&nrm=iso>. Acesso em: 9 fev. 2014.

SILVEIRA, Nise da. **Jung**: vida e obra. 7. ed. Rio de Janeiro: Paz e Terra, 1981.

SOUZA, Alessandra da Silva; ABREU RODRIGUES, Josele. Autoconhecimento: contribuições da pesquisa básica. **Psicol. Estud.**, vol. 12, n. 1, p. 141-150, 2007. Disponível em: <http://www.scielo.br/scielo.php?script=sci_arttext&pid=S1413=73722007000100017-&lng=pt&nrm-iso>. Acesso em: 22 set. 2013.

TATAR, Maria. **Contos de fadas**. Edição comentada e ilustrada. Rio de Janeiro: Jorge Zahar, 2004.

TORRE, Saturnino de La. **Dialogando com a criatividade**. Cristina Mendes Rodríguez (Trad.). São Paulo: Madras, 2005.

VOLOBUEF, Karin (Org.). **Mito e magia**. São Paulo: Unesp, 2011.

WUJEC, Tom. **Cabeça cinco estrelas**: jogos e exercícios para estimular a criatividade e a imaginação. São Paulo: Best Seller, 1995.

Impresso na gráfica da
Pia Sociedade Filhas de São Paulo
Via Raposo Tavares, km 19,145
05577-300 - São Paulo, SP - Brasil - 2016